# F. BARMOLD

## LA

# RELIGION DU VRAI

*Vitam impendere vero.*

## CREDO PHILOSOPHIQUE

**PARIS**

LIBRAIRIE FISCHBACHER

Société anonyme

33, RUE DE SEINE, 33

—

1902

# LA RELIGION DU VRAI

---

## CREDO PHILOSOPHIQUE

# LA
# RELIGION DU VRAI

*Vitam impendere vero.*

## CREDO PHILOSOPHIQUE

**PARIS**

LIBRAIRIE FISCHBACHER

Société anonyme

33, RUE DE SEINE, 33

1902

# INTRODUCTION

Une croyance en quelque théorie rationnelle que l'on puisse accepter comme explication suffisante des rapports qui doivent exister entre l'homme et la nature est-elle nécessaire, à défaut de toute certitude définitive dans la solution, toujours incomplète, de l'éternel problème du Vrai ?

Poser cette question, c'est déterminer chez l'esprit éclairé un raisonnement aboutissant à une conclusion affirmative dont voici l'équivalent :

Sans la foi en un but suprême de toutes choses qui ne peut être que le Bien Absolu, principe et objet constant de l'ordre universel, dans lequel est tracé le rôle que doit remplir l'humanité, il n'y a pas de religion vraie ; sans religion vraie, il n'y a pas de société humaine capable de progrès normal,

intégralement compris sous ses trois formes spécifiques, c'est-à-dire capable d'un progrès physique,
d'un progrès intellectuel et d'un progrès moral,
régulièrement pondérés dans leur ensemble.

Pour entrer dans le développement de cette
réponse et en faire saisir toute la valeur intrin-
sèque, nous prierons le lecteur de vouloir bien
entreprendre avec nous une courte excursion,
purement imaginaire, chez un peuple qui ne prati-
querait que le culte de la force et de l'agilité corpo-
relles en sacrifiant tout ce qui, du domaine intellectuel et moral, serait étranger à ce culte.

Certainement, en présence des qualités physiques
d'un tel peuple, nous ne saurions résister à un
mouvement subit de très vive admiration ; mais si
nous avions à entretenir avec lui quelques relations
d'intérêts, nous ne tarderions pas à nous convaincre
de son inaptitude aux choses qui sont du ressort de
la capacité intellectuelle et de la dignité morale ;
nous aurions devant nous une race d'athlètes et
d'acrobates que les barnums ne manqueraient pas
d'exploiter, et, si, une vingtaine d'années après
notre première excursion, il nous arrivait de
revenir dans cette même contrée qui nous aurait
paru si favorable au développement d'une belle
race, nous trouverions le sol appauvri, faute de
culture, et les habitants dégénérés, faute d'in-
dustrie et de commerce. Bien plus, cette décadence
ne se serait pas accomplie uniquement sous le

rapport intellectuel et moral, elle se serait accompplie même sous le rapport physique chez cette population que nous aurions peine à reconnaître après l'avoir tant admirée à l'époque où le riche territoire qu'elle venait d'envahir lui fournissait amplement tout ce qui était nécessaire à son existence. Comment une telle transformation se seraitelle opérée en si peu de temps, et à quelle cause faudrait-il l'attribuer ? Évidemment, le sol, non cultivé, n'aurait plus offert à l'alimentation de ce malheureux peuple que les maigres ressources de certaines productions naturelles ; la chasse et la pêche auraient, peut-être, été pendant quelques années pratiquées avec passion, mais sans mesure ; le gibier et le poisson seraient devenus de plus en plus rares, après avoir figuré en trop grande abondance dans les repas journaliers de ces êtres humains, chez lesquels la frugalité n'aurait certainement pas été plus en honneur que la civilisation, et les mauvaises passions, achevant leur œuvre néfaste, en déprimant les caractères et les énergies, auraient bientôt conduit jusqu'au plus bas degré de la déchéance les tristes rejetons de cette race que nous aurions connue, si merveilleusement douée sous le rapport physique et que nous trouverions alors si dégénérée.

Quant à la cause d'une telle décadence, il faudrait logiquement l'attribuer à un défaut d'équilibre dans les conditions essentielles du progrès qui, au lieu de s'être accompli intégralement, aurait été exclusivement physique et, par cela même aurait absorbé, pour se produire, toutes les énergies, sans en laisser la moindre somme au service du progrès intellectuel et moral. Cependant ce peuple avait une croyance, une foi dans un idéal qu'il s'appliquait à réaliser, le culte de l'idéal des qualités physiques était sa religion ; mais cet idéal était défectueux, parce qu'il ne représentait que l'un des modes spécifiques du progrès intégral. Il serait certainement logique d'appliquer le même raisonnement au cas où le progrès consisterait dans le développement exclusif des facultés intellectuelles ou morales et absorberait par cela même toutes les énergies au détriment du progrès physique, comme on en a vu de nombreux exemples chez les fakirs et les anachorètes, voués à toutes les austérités, à toutes les mortifications, ou encore chez les savants voués à la recherche de quelques vérités spéciales. Pour que la prospérité d'un peuple soit constante et durable, il faut donc qu'il y ait équilibre entre les trois formes spécifiques du progrès intégral, c'est-à-dire du progrès physique, intellectuel et moral que doit réaliser le concours des différentes capacités individuelles. Par conséquent, nous pouvons affirmer qu'une religion vraie est nécessaire et qu'il n'y a d'autre religion vraie que celle qui consiste dans le culte de l'idéal du progrès intégralement compris.

Mais en quoi cet idéal consiste-t-il ? Cet idéal ne peut consister que dans la manière d'être la plus conforme à la raison d'être de l'ordre universel, c'est-à-dire la plus conforme au bien absolu que nous avons à considérer à la fois comme principe, comme loi et comme but de l'esprit de la nature. De là résulte donc la nécessité de reconnaître d'abord dans le bien absolu la raison d'être de l'ordre universel et de reconnaître ensuite l'importance capitale d'une doctrine qui soit pour nous la règle de conduite la plus conforme à cette raison d'être, c'est-à-dire à ce bien absolu.

Mais une sérieuse objection se présente alors : Le bien absolu existe-t-il en réalité ? Evidemment, nous savons ce qu'il faut entendre par ce terme d'absolu ; mais il nous est impossible d'arriver, en ce monde, par voie d'expérience à réaliser un absolu quelconque. Nous appelons absolu ce que nous concevons comme renfermant en soi son principe, sa loi et son but, ou bien encore comme existant par soi et ayant en soi sa raison d'être ; cependant si, comprenant parfaitement ce que doit être la ligne droite absolue, nous nous proposions de la réaliser par les moyens que nous possédons, nous arriverions à nous convaincre de notre incapacité à cet égard. Reconnaissant, d'abord, qu'il ne peut exister qu'une seule espèce de ligne droite, absolue dans sa longueur et dans sa rectitude : c'est à dire la ligne droite infinie et parfaite, nous n'au-

rions certainement l'intention de tenter cette
expérience qu'au point de vue de la rectitude d'une
partie de cette ligne infinie : mais, après cela,
reconnaissant aussi l'impossibilité d'arriver à cette
rectitude absolue, malgré l'emploi des instruments
de précision dont nous nous serions servis, c'est
à dire d'une glace, d'une règle et d'une pointe de
diamant aussi parfaitement conditionnées que
possible, nous n'aurions plus qu'à constater, à l'aide
du microscope, la défectuosité constante de cette
prétendue ligne droite qui n'aurait rien d'absolu ni
dans sa forme, ni dans sa longueur. Quel qu'ait
été le soin apporté à cette opération, l'entaille faite
sur la glace à l'aide du diamant présenterait toujours un certain nombre d'incorrections provenant
de la composition moléculaire soit de la glace, soit
de la règle employée, nous aurions tracé une ligne
relativement, mais non absolument droite. Etres
relatifs appartenant à l'ensemble universel, nous
ne pouvons rien produire d'absolu dans la pratique
des choses du domaine matériel qui nous sont
accessibles ; nous ne pouvons produire que du
relatif. Dans le domaine intellectuel, au contraire,
il nous est donné d'atteindre à la conception précise
de certaines vérités absolues. De même que nous
comprenons, par exemple, que la ligne droite est
le plus court chemin d'un point à un autre, de
même nous comprenons que l'ensemble universel
doit être considéré comme l'Etre Absolu.

Or nous affirmons que l'ensemble universel, étant toujours tel qu'il faut qu'il soit, constitue par cela même le bien absolu et que ce bien absolu ne peut être, comme principe, que la cause de tout ce qui existe ; comme loi, que l'action de tout ce qui s'accomplit ; et comme but, que le résultat de la lutte constante dans laquelle le bien et le mal relatifs se trouvent engagés l'un contre l'autre. Alors, il est facile de démontrer d'une manière irréfutable que, sans cette lutte entre le bien et le mal relatifs, il n'y aurait pas de mouvement en quoi que ce soit, et que, nulle part, une substance quelconque n'aurait de raison d'être, tout mouvement ne pouvant consister que dans un changement de manière d'être qui s'opère soit dans la composition, soit dans la situation d'un ensemble substantiel, changement favorable ou défavorable relativement aux circonstances. Partant de là, il faudra en venir à reconnaître la nécessité constante de cette lutte entre le bien et le mal relatifs, parce que tout mouvement dans ce conflit contribue à la vie universelle, à l'éternelle vie de l'Etre Absolu.

Si l'on objecte que la vie n'appartient qu'aux organismes, nous répondrons à cela que la circulation constante de la force qui organise et qui anime, en traversant successivement les mondes comme les molécules des corps, fait de l'ensemble universel l'être organisé par excellence, rien ne pouvant s'accomplir en lui contrairement à ce qui lui est nécessaire ; et, si l'on prétend que l'existence incessante du mal relatif met obstacle à la réalisation du bien absolu, nous ferons valoir la compensation parfaite qui doit s'établir constamment dans l'ensemble de la nature entre les deux sommes égales du bien et du mal relatifs, le bien et le mal relatifs n'étant autre chose que les deux extrêmes entre lesquels le mouvement agit comme moyen, que le motif d'action soit bon ou mauvais. Sans aucun doute on comprendra que ces deux opposés, se trouvant alors neutralisés l'un par l'autre dans cette compensation, ne peuvent avoir le moindre effet sur l'Etre Absolu, dont la puissance infinie de sensibilité et d'activité est à la fois éternelle et universelle, l'être parfait devant évidemment posséder au plus haut degré toutes les facultés. De même que ce n'est que par leur ensemble complet que les relatifs constituent l'absolu, de même ce n'est que dans leur ensemble complet que l'absolu constitue les relatifs. Cependant, s'il faut qu'il y ait toujours changement de conditions chez les êtres relatifs pour que le mouvement soit constant dans la nature, l'Etre Absolu, lui, n'a jamais eu et n'aura jamais à augmenter ou à diminuer ni la quantité de sa substance, ni l'étendue de son action, c'est-à-dire à augmenter ou à diminuer la somme des relatifs qui le constituent ; il n'a qu'à perpétuer éternellement et universellement la lutte entre le bien et le mal relatifs, puisque c'est en cela que consiste son mouvement vital, les alternatives de cette lutte ne pouvant avoir sur lui aucune influence, parce que l'interminable succession des moments étant pour lui un éternel présent, le bien et le mal ne sont jamais successivement ressentis par lui, mais, parfaitement compensés l'un par l'autre, sont, uniquement pour lui, toujours présents dans leur compensation. Il n'est pas non plus admissible qu'il agisse relativement en dehors de son action absolue qui renferme en elle-même toutes les actions relatives.

Le Bien Absolu est donc invariablement tel qu'il faut qu'il soit, et c'est lui qui constitue éternellement le principe, la loi et le but de l'ordre universel, immuable manière d'être de l'Etre Absolu.

Pour faire triompher ce système que nous considérons comme la plus haute vérité, nous avons à combattre trois adversaires : le Spiritualisme chrétien, le Matérialisme et le Positivisme. Quant au Scepticisme, nous n'avons pas à nous en occuper, parce qu'il n'est autre chose que la négation de toute opinion logique ; nous ne pouvons le considérer comme système philosophique et nous l'abandonnons tout entier à son absence complète de jugement, à son défaut de bon sens ; car ce serait peine perdue que de vouloir discuter avec ceux qui ont pris le parti de ne jamais consentir à entendre raison, le doute étant chez eux érigé en principe, au lieu d'être, comme il le faut, un motif de recherche méthodique.

Dans la recherche du vrai, quel que soit l'ordre d'idées auquel il appartienne, on a toujours à passer par le doute méthodique, par l'incertitude d'une croyance logique pour arriver à la certitude du savoir ; nous devons même affirmer qu'il n'y a pas d'acte volontaire sans croyance. Si, par exemple, nous avançons la main, pour saisir un objet quelconque, c'est que nous croyons bien pouvoir atteindre cet objet. Pour parvenir à un haut degré du savoir intellectuel, il est donc nécessaire de croire d'abord qu'en recherchant et en étudiant le vrai, nous serons capables de le connaître ; puis il faut l'apercevoir et le discerner peu à peu, avant de le voir clairement, la croyance rationnelle et le savoir étant en effet les deux séries de degrés successifs par lesquels doit progresser notre intelligence. C'est une haute montagne que la connaissance accessible des choses, et nous ne saurions en toucher le sommet qu'après avoir suivi pas à pas l'unique sentier qui, partant de sa base, nous permette de le gravir jusqu'à son point culminant.

Nos trois adversaires ont-ils procédé avec méthode ; ont-ils constamment suivi le bon sentier, le sentier du vrai pour approcher du sommet qu'ils prétendaient atteindre, c'est-à-dire pour approcher du plus haut savoir qui est la notion précise du Bien Absolu, à la fois raison d'être et réalisation de l'ordre universel ?

Recherchons d'abord en quoi consistent les systèmes adoptés par ces adversaires que nous avons à combattre.

Le Spiritualisme se présente sous trois formes distinctes : le Spiritualisme déiste, le Spiritualisme chrétien et le Spiritualisme panthéiste. Le Déisme, le Christianisme et le Panthéisme reconnaissent tous les trois la prépondérance de l'esprit sur la matière, mais diffèrent en ce que les deux premiers voient Dieu dans l'esprit suprême qui gouverne par le moyen des forces émanant de lui la matière universelle dont les transformations incessantes constituent le mouvement de la nature, tandis que le troisième voit Dieu dans l'ensemble universel qu'il considère comme l'Etre Absolu. Pour le Déisme, Dieu est éternellement un être immatériel, un être sans corps, un pur esprit ; pour le Christianisme, Dieu est un pur esprit qui, après avoir créé de rien tout ce qui existe, s'incarne à un moment donné sous la forme humaine en fécondant par l'opération de sa puissance spirituelle le sein d'une vierge qui, restant toujours vierge, donne cependant naissance à l'Homme-Dieu dont la mort doit régénérer l'espèce humaine.

Entre le Déisme et le Panthéisme il n'y a d'autre différence que celle qui résulte de l'erreur que commet le Déisme lorsqu'il considère l'esprit suprême comme un être, erreur que combat le Panthéisme en affirmant qu'un esprit n'est jamais que l'attribut d'un être et non un être même, parce qu'un esprit est toujours uniquement une force et qu'il n'y a jamais ni force sans matière, ni matière sans force. Et Dieu est certainement plus que l'esprit de l'Etre Absolu, il est cet être même.

Le Déisme, il nous semble, n'est pas vis-à-vis de nous un véritable adversaire. Qu'il fasse un pas dans le sens de notre manière de voir, en reconnaissant son erreur, et nous nous empresserons de lui tendre la main. Entre lui et nous il n'y a qu'un malentendu. Laissons-le donc venir à résipiscence. Plus sérieuse doit être la lutte, qui nécessite l'emploi de toutes les forces que nous donne la raison, contre le Spiritualisme chrétien, le Matérialisme et le Positivisme.

Nous venons de définir le Christianisme ; définissons maintenant le Matérialisme et le Positivisme, tous deux ennemis l'un de l'autre comme ils le sont du Spiritualisme considéré sous ses trois formes spécifiques.

Le Matérialisme ne voit dans l'ensemble universel que de la matière en mouvement, mouvement qui serait l'attribut de la matière même et dont les variations seraient les effets des transformations qui s'opèrent dans la substance de tous les corps de la nature : ce qui reviendrait à dire que la substance matérielle, de quelque espèce qu'elle soit, serait l'unique cause du mouvement, soit physique, soit intellectuel, soit moral, s'accomplissant dans l'ensemble de tout ce qui existe.

Le Positivisme rejette comme hypothèse invérifiable toute conception métaphysique, qu'elle soit matérialiste ou spiritualiste. Selon lui, le principe et la raison d'être des choses universelles sont du domaine des vérités inaccessibles à la faculté de connaître, qui doit se borner à l'étude des réalités immédiates et n'admettre d'autres hypothèses que celles qui sont immédiatement vérifiables.

Ces définitions des doctrines que professent nos adversaires nous donnent déjà un premier aperçu de la tactique qu'ils vont adopter et des arguments qu'ils feront valoir pour nous combattre. Il n'y a pas de triple alliance conclue entre eux, les intérêts de chacun se trouvant évidemment contraires à ceux des deux autres. Profitons alors de l'isolement de leurs forces respectives, en ne faisant face que successivement à chacun des ennemis de notre système ; mais, avant l'ouverture des hostilités, examinons avec soin les armes que nous tenons de la raison. Ces armes-là, bien loin d'être meurtrières, font vivre d'une vie nouvelle ceux qu'elles frappent, leurs blessures ne sont mortelles que pour l'ignorance, l'erreur et le mensonge. Leur arsenal s'appelle la Logique. O Logique !

pourquoi n'es-tu pas plus répandue parmi les hommes, parmi les êtres que l'on dit doués de raison ? Pourquoi faut-il leur crier constamment : Vous vous trompez, ou on vous trompe ?

# LA RELIGION DU VRAI

## LE VRAI

L'esprit humain n'a, certainement, jamais eu et n'aura, certainement, jamais à se proposer d'autre objet que le vrai, soit comme but, soit comme moyen : c'est là le premier de tous les axiômes, la première vérité absolue, vérité ayant sa raison d'être dans sa manière d'être, c'est-à-dire dans son affirmation même. En effet, il est incontestable que le vrai qui est évidemment l'unique objet de la faculté de connaître, de la faculté de vouloir et de la faculté de réaliser, seules attributions de l'esprit humain, est, par conséquent, l'unique objet de cet esprit humain ; et il est aussi incontestable que l'homme, quel qu'il soit : instruit ou ignorant, vertueux ou dépravé, ne vise dans l'exercice de

ses attributions que le vrai qu'il juge connaissable,
praticable ou réalisable, en vue soit d'une utilité,
soit d'une nécessité quelconque qu'il reconnaît,
soit d'un bénéfice qu'il désire.

Il faut donc admettre comme premier axiôme,
comme première vérité absolue, que l'esprit humain n'a pas à se proposer d'autre objet que le
vrai.

Mais, le plus souvent, le vrai, recherché ou
observé, est uniquement relatif aux circonstances,
toujours variables, de la vie, loin d'être le Vrai,
c'est-à-dire le vrai absolu, ce n'est, alors, que la
constatation de la réalité d'un certain nombre de
faits que l'on dit contingents, parce qu'ils n'ont
pas été prévus, ou la constatation de l'opportunité
de toute action volontaire, motivée par ces faits ;
ce n'est pas la connaissance approfondie des lois
qui déterminent les faits de tout ordre, physique,
intellectuel ou moral, lois qu'il faut considérer
comme les éléments constitutifs du vrai absolu
même, unique objet de l'Esprit de la Nature,
parce qu'il en est éternellement et universellement,
à la fois, le moyen et le but.

Or, c'est ce vrai absolu, en un mot, le Vrai
qu'il faut considérer aussi comme l'objet constant
de l'esprit philosophique, de l'esprit humain obéissant à sa plus haute aspiration. Ce n'est, en effet,
que par la recherche assidue de ce vrai que l'esprit
humain peut parvenir à s'assimiler l'Esprit de la

Nature qui, de son côté, alors, s'assimilera l'esprit humain, en le faisant participer de plus en plus à la pure sagesse de sa Raison. Entre ces deux esprits le mouvement d'attraction sera réciproque et, pour employer une métaphore qui ne nous paraît pas dépourvue de justesse, on pourra les comparer à deux pôles de noms contraires que l'action normale des deux fluides, intellectuel et rationnel, tend constamment à mettre en contact.

Que notre esprit ne s'écarte donc pas de la direction que lui imprimera cette action normale qui ne peut le conduire qu'au pôle idéal de l'Eternelle Sagesse, qu'au Nord Philosophique de l'Infaillible Raison.

# PHILOSOPHIE ET RELIGION

---

Aucune vérité n'est plus évidente et plus précieuse que celle qui affirme l'importance absolue d'une doctrine rationnelle traçant la règle de conduite à suivre dans la recherche du véritable bonheur, but suprême vers lequel tendent toutes les aspirations et tous les efforts de l'esprit humain, quel que soit leur objet immédiat et spécial. Au début d'une carrière, d'une entreprise ou d'une œuvre quelconque, l'être pourvu de raison, méritant le nom d'homme, n'a-t-il pas à se proposer, avant tout, de trouver dans l'application d'une certaine méthode la direction normale qu'il doit imprimer à son activité, pour réaliser l'ensemble des satisfactions que réclame sa sensibilité, physique, intellectuelle ou morale ? Et quel est celui qui, pouvant mettre à profit la connaissance des

principes du raisonnement logique, ne comprenne
que c'est uniquement à l'observation spéculative
et à l'observation pratique du vrai applicable comme
moyen qu'il importe à tous les hommes de consacrer leurs efforts pour arriver à recueillir la
somme totale des bénéfices du vrai réalisable
comme but, somme de bénéfices dans la jouissance
de laquelle doit consister la véritable félicité, la
plus pure et la plus durable ?

Certes, il n'est pas un homme sensé qui n'aspire
et ne s'applique à se procurer une existence aussi
heureuse et aussi longue que possible ; il n'en est
pas un, non plus, qui ne sente la nécessité de l'emploi du moyen qui sera le plus conforme à ce but
et ne considère la notion précise de ce but et de
ce moyen comme la meilleure doctrine. Mais tous
les hommes ne se font pas une même conception
philosophique du véritable bonheur, les uns croyant
le trouver dans la satisfaction de leur intérêt per-
sonnel et s'efforçant d'y parvenir, sans se laisser
émouvoir par la crainte de négliger ou de compro-
mettre l'intérêt d'autrui, les autres faisant consister le bonheur de chacun dans le bonheur de
tous, comme le veut la plus sage philosophie.
Entre ces deux doctrines il faut choisir. La raison
n'hésite pas ; l'égoïsme de la première de ces doctrines n'a rien qui la séduise ; elle ne peut, au
contraire, qu'approuver l'altruïsme de la seconde.
Il n'y a donc qu'un bonheur vrai : c'est celui qui

résultera de la solidarité dans laquelle doivent
s'unir l'intérêt particulier et l'intérêt général, et
s'unir aussi, par conséquent, le bonheur de chacun
et le bonheur de tous.

Or, il n'y a qu'un bonheur vrai, parce que, certainement, il n'y a qu'un seul ensemble de vérités
dont la connaissance soit, en même temps, accessible et nécessaire à tous les êtres humains, capables de réfléchir, capables de faire agir leur esprit
sur leur esprit même. Cet ensemble de vérités,
c'est le vrai moral, le vrai que le sens, à la fois,
particulier à l'espèce humaine et commun aux différentes individualités de cette espèce, permet à
chacune de ces individualités de discerner, pour
éviter le mal et parvenir au bien, ce discernement
du bon sens étant le sentiment du vrai qui intéresse
la société comme l'individu, sentiment rudimen-
taire, au début de la vie consciente, et que l'on
peut considérer, alors, comme instinctif; mais
aussi sentiment perfectible que tout travail intellectuel, entrepris dans le domaine philosophique,
doit avoir pour but de faire progresser. Le domaine philosophique est le domaine intégral de
la raison, domaine dont le sol à féconder s'appelle l'intelligence; et ce n'est, évidemment,
qu'en prenant de plus en plus racine dans ce
sol intellectuel que le sentiment du vrai moral
peut acquérir toute sa force, pour donner, par
son action sur la volonté, tous les fruits que l'on

doit en attendre, c'est-à-dire la somme totale des bénéfices du vrai réalisable, somme de bénéfices dans la jouissance de laquelle consistera le véritable bonheur.

Si, comme il importe de l'établir en principe, la Philosophie est la science des sciences, la science générale qui, dans une conclusion synthétique, résultant de toutes les conclusions analytiques du savoir, parvient à formuler la suprême vérité connaissable, c'est-à-dire la raison d'être des lois qui, constituant l'ordre universel, constituent par cela même le vrai moral absolu; et si cette science générale permet à l'esprit humain de discerner le vrai moral qui lui est relatif dans cet ordre universel, c'est-à-dire la morale, règle de sa conduite, il ne doit y avoir d'autre religion que le culte de ce vrai moral, de ce vrai philosophique qui est le Bien Absolu.

Sous l'influence de cette doctrine, les idées, représentées par les deux termes : Philosophie et Religion, ont entre elles une relation réciproque; on peut s'en convaincre en attribuant à chacun de ces termes la signification précise qui découle de son étymologie. En effet, le mot Philosophie, venant des deux substantifs grecs : *philos* ami et *sophia* sagesse, exprime l'idée d'amour de la sagesse, par conséquent, l'idée de recherche et de connaissance approfondie du vrai moral qui est la loi, le mode d'action de la sagesse, le mode d'action de l'esprit de la nature que l'esprit humain est appelé à s'assimiler. Religion, venant du verbe latin : *religare* relier, exprime l'idée de lien qui unit les hommes dans le culte d'un même idéal. Or, le lien à établir entre tous les hommes, c'est évidemment le culte du vrai moral qui doit unir dans une parfaite solidarité le plus grand bonheur possible de chacun et le plus grand bonheur possible de tous. Les deux termes Philosophie et Religion, exprimant deux idées corrélatives : les idées de connaissance et de culte du vrai moral, nous pouvons donc dire avec raison que, si la Philosophie est la science de la Religion, la Religion est le culte de la Philosophie, et nous sommes en droit d'affirmer que, la Philosophie étant par excellence la science du vrai moral, la science du vrai compris dans sa plus haute acception, le culte que tous les hommes lui doivent est le seul culte auquel appartienne, à juste titre, le nom de Religion du Vrai.

Pourquoi donc la diversité des croyances religieuses, lorsqu'il n'y a qu'un ensemble de vérités primordiales, accessibles et nécessaires à tous les hommes ; pourquoi les siècles passés ont-ils vu éclater en ce monde tant de querelles, tant de guerres, tant de massacres, tant de persécutions, lorsque le culte de cet ensemble de vérités est là pour la paix et la félicité universelles ?

La cause principale des erreurs de la foi religieuse et des flots de sang que ces erreurs ont fait répandre ou qu'elles menacent de faire répandre encore, c'est, chez certains esprits, un désir, toujours inassouvi, de satisfactions anormales, soit que ces esprits, pour satisfaire l'appétit déréglé de leur intelligence, obéissent à la folle prétention de spéculer dans le domaine de l'inconnaissable, soit que ces mêmes esprits, sentant leur impuissance intellectuelle en face de problèmes insolubles, s'appliquent, pour satisfaire leur soif de domination, à spéculer sur la crédulité humaine. S'attirer la plus haute considération, en se prévalant d'un savoir théologique supérieur, dans le but d'imposer à la masse ignorante des lois théocratiques, des lois prétendues inspirées par l'esprit de Dieu : voilà ce que veut l'esprit humain, lorsqu'il obéit à la plus coupable ambition. On a vu plus d'un peuple subir les funestes conséquences de la théocratie : plus d'un en est mort, plus d'un en mourra.

Le seul ministre divin qui ait le droit d'imposer une croyance, c'est la raison possédant l'expérience du savoir. Dénigrer cette raison pour imposer une croyance religieuse à l'aide de moyens d'intimidation ou de séduction, à l'aide d'une menace de peines éternelles ou d'une promesse de récompenses incomparables, peines et récompenses dont il est impossible de démontrer logiquement la probabilité, ce n'est pas seulement un crime ;

c'est le plus grand des crimes ; car c'est étouffer le sentiment du vrai.

En admettant même que les premiers fondateurs des systèmes religieux comme Moïse, comme le Bouddha, comme le Christ, comme Mahomet, aient agi, par l'enseignement de leurs doctrines, en vue du bonheur de leurs semblables, il faut, cependant, bien reconnaître, que leurs disciples n'ont pas tous agi dans ce même but. Parmi ceux qui entendaient la parole du maître, il s'en est trouvé, malheureusement, un certain nombre qui ont vu dans la propagation de dogmes qui leur était confiée, un moyen de dominer, un moyen d'asservir les consciences par la théocratie. Ce sont ces faussaires de la foi qui, dans leurs discours ou leurs écrits mensongers, ont dénaturé les doctrines primitives, naïvement ou ingénieusement conçues, qu'ils avaient pour mission de conserver intactes ; ce sont ces hommes qui ont allumé le fanatisme, qui ont suscité les guerres de religion et les persécutions, en faisant naître la théocratie de cette prétendue science, de cette science, dépourvue de preuves, que l'on appelle la théologie et qui n'a pas plus de raison d'être que l'astrologie. Ces hommes-là sont les plus grands criminels qui aient exploité la crédulité humaine. Si leurs maîtres sont coupables d'avoir fondé cette science fausse : la théologie, ils sont, eux, de leur côté, coupables d'avoir fondé ce pouvoir injustifiable : la théocratie.

Jamais un être humain n'a pu prouver le fait d'avoir vu ou entendu Dieu en personne ; et tout homme, qui affirme que l'Etre Suprême s'est montré à lui ou lui a parlé, est le jouet d'une illusion, s'il n'est pas un imposteur. Jamais donc Dieu n'a chargé qui que ce soit de parler en son nom, parce que l'esprit de la nature parle assez haut à toute conscience capable de discernement logique, pour lui donner une notion suffisante des principes fondamentaux de la morale élémentaire, par l'indication précise de ce qui est bien et de ce qui est mal. Quel est, en effet, l'homme, si peu éclairé qu'il soit, qui ne reconnaisse comme méritoire une bonne action et comme répréhensible une mauvaise action ; quel est celui qui ne se dise : Si, obéissant à de nobles et généreux sentiments, j'agis envers mon semblable, comme je veux qu'il agisse envers moi, je fais le bien ; si, obéissant, au contraire, à des sentiments bas et égoïstes, j'agis envers ce semblable comme je ne veux pas qu'il agisse envers moi, je fais le mal ? Or, quel est celui qui, en faisant le bien, ne sente qu'il s'élève dans l'ordre des êtres utiles à son espèce et qu'en faisant le mal, il s'abaisse dans l'ordre des êtres nuisibles ? Dans le premier cas, n'est-il pas amplement rémunéré par l'estime de soi-même, par le sentiment de son progrès ; dans le second, n'est-il pas assez puni par le remords, par le sentiment de sa déchéance ? Certes, il n'est pas un homme sensé qui ne discerne le bien d'avec le mal, et qui, suffisamment éclairé, ne conçoive l'idée juste du devoir que lui impose l'esprit de la nature, en le déterminant à suivre la ligne de conduite, réclamée autant par l'intérêt général de ses semblables que par son intérêt particulier, c'est-à-dire réclamée par l'intérêt commun auquel il est appelé à satisfaire pour trouver dans cette satisfaction même, à laquelle il prend part, sa récompense. A quoi lui servirait-il, alors, de rechercher le vrai en ce qui concerne l'essence de l'esprit auquel obéit l'ensemble universel ; ne lui suffit-il pas, en étudiant dans la constatation du réel, qui lui est accessible, l'œuvre de cet esprit, de rechercher la connaissance du vrai intellectuel, pour en arriver à la connaissance complète du vrai moral ?

Evidemment, l'intelligence humaine n'est pas capable d'analyser l'essence d'un principe substantiel ou virtuel ; il ne lui est permis d'en connaître que l'action ; elle ne pourra jamais définir un élément substantiel que par les attributs qui le caractérisent et un élément virtuel que par l'effet ou les effets qu'il produit, attributs et effets que la conscience ne constate qu'à la suite de leur action sur sa sensibilité. L'intelligence humaine n'a donc pas à rechercher le vrai en ce qui concerne l'essence de l'esprit qui préside à l'ordre universel, puisqu'elle n'est pas capable de résoudre un tel problème. D'ailleurs, si la solution de ce problème était possible, la vérité qui en sortirait n'aurait, certainement, aucune utilité pratique, sa connaissance serait absolument inutile ; car ce n'est qu'en vue de la pratique du vrai qui intéresse d'une manière quelconque son existence et celle de ses semblables que l'homme doit acquérir le savoir intellectuel. Est-il admissible, comme le veut la croyance chrétienne, que l'Etre Suprême impose à ses créatures l'obligation de le connaître, jusqu'à un certain point, dans son essence, l'obligation de croire qu'il est un seul dieu en trois personnes, que chacune de ces trois personnes est éternelle, quoiqu'il y ait, nécessairement, un ordre de succession dans leur existence, la première de ces personnes ayant engendré la seconde, et la troisième procédant des deux autres ? Faut-il encore admettre l'obligation de croire que ces trois personnes divines non-seulement sont formées de la même substance, mais sont aussi d'égale puissance, quoiqu'il y ait un ordre hiérarchique dans leurs attributions : le père ayant envoyé en ce monde son fils, après lui avoir donné la forme humaine par l'opération du Saint-Esprit et ce Saint-Esprit, tantôt colombe, tantôt langues de feu, ayant été envoyé en ce même monde, soit par le père, lors du baptême de son fils, soit par le fils cinquante jours après sa résurrection ? Or, si la saine raison ne juge pas de tels dogmes dignes de foi, nous ne pouvons admettre logiquement que l'homme qui

n'acceptera pas ces dogmes, soit coupable aux
yeux de son créateur pour avoir obéi au décret
de cette raison que ce créateur lui a donnée comme
guide. Nous n'admettons pas davantage que Dieu
se soit trompé ou ait voulu tromper l'homme en lui
faisant don d'une raison limitée dans sa capacité
intellectuelle ; nous sommes si loin d'une telle
pensée que nous nous proposons, au contraire, de
démontrer, avec le plus de clarté possible, et en
employant comme preuves les arguments les plus
logiques, l'infaillibilité à laquelle peut prétendre
la raison humaine, lorsqu'elle agit dans la mesure
assignée à ses attributions, attributions toujours
suffisantes en matière de direction morale, c'est-à-
dire en matière de tout ce qui intéresse le bonheur
de l'humanité.

En affirmant que le vrai moral absolu, cette loi,
ce mode d'action de la sagesse suprême, ce mode
d'action de l'esprit de la nature que l'esprit humain
doit s'assimiler, dans la mesure du vrai moral
qui lui sera relatif, est le seul objet d'observation
spéculative ou pratique qui soit accessible et nécessaire à tous les hommes, nous avons affirmé,
par cela même, que ce vrai moral est, en théorie,
l'unique doctrine rationnelle à formuler et, en application, l'unique culte qu'il importe d'adopter
comme règle de conduite. Or, la preuve que nous
avons à donner comme appui à cette affirmation,
c'est l'évidence de la pureté du vrai moral, pureté

qui, elle-même, résulte de l'infaillibilité de la raison, c'est-à-dire de la capacité intellectuelle, absolue ou relative : capacité absolue, parce que, chez l'esprit de la nature, elle est non-seulement parfaite dans sa qualité ; mais encore illimitée dans son étendue, capacité relative, parce que, quoique parfaite dans sa qualité, elle est limitée dans son étendue, chez l'esprit humain.

Cette infaillibilité de la raison sans bornes, chez l'esprit de la nature et de la raison bornée, chez l'esprit humain, nous allons nous appliquer à la démontrer. Pour cela, il faut que de l'exposé clair et précis de la doctrine du vrai moral puisse ressortir l'évidence de sa sagesse, de sa pureté. C'est à l'œuvre que l'on reconnaît l'artisan, dit un vieux proverbe. En ce moment, l'œuvre à examiner, c'est le vrai moral ; l'artisan à connaître, c'est la raison.

Quels sont donc les éléments constitutifs du vrai moral ?

# LE VRAI MORAL

Le vrai moral, il faut l'admettre en principe, est la loi de la raison, loi sous l'influence de laquelle doivent se constituer ou se réaliser successivement le savoir intellectuel, susceptible d'application, l'application de ce savoir à toute œuvre utile ou nécessaire, et le résultat final visé par cette application : c'est-à-dire le bonheur le plus pur, le plus durable et le plus répandu.

Ce n'est que par abstraction que le vrai peut être divisé en vrai intellectuel ou théorique et en vrai moral ou pratique. Ainsi compris, ces deux modes successifs du vrai sont les deux phases de la connaissance et de la réalisation par lesquelles ont à passer l'intelligence et la volonté pour atteindre leur but.

Mais nous croyons devoir donner plus d'étendue à la signification de Vrai Moral, et nous disons :

Le vrai moral, considéré comme l'ensemble des vérités accessibles et nécessaires à l'humanité, est le seul vrai dont la pratique constante lui permette de réaliser son bonheur.

Aucun axiome n'éclaire mieux de son évidence l'entrée du domaine de la religion normale, culte de la saine philosophie, que le dogme, absolument irrécusable, contenu dans cette formule. C'est incontestablement par la conception de ce premier dogme que notre intelligence, obéissant à de sages inspirations, entre en communication directe avec l'intelligence souveraine qui, gouvernant tout, se manifeste aussi bien en nous-mêmes, dans la pure logique du raisonnement, qu'en dehors de nous dans l'ensemble des choses qui nous entourent, ensemble dont notre conscience, suffisamment éclairée, ne saurait s'abstenir de constater la parfaite organisation.

Pour donner satisfaction à la tendance générale de nos sentiments élevés, n'ayant à nous proposer rationnellement, d'autre objet de réalisation que ce vrai qui intéresse, sous tous les rapports, l'existence humaine, nous n'avons, par conséquent, aucun autre objet à concevoir en théorie et à observer en pratique. C'est donc à la règle absolue d'une doctrine rationnelle, résultant de l'enchaînement logique des principes de ce même vrai qu'il nous appartient de conformer notre conduite, en chaque circonstance de la vie, pour contribuer, dans la mesure de nos forces, à la réalisation du bonheur qui est réservé à notre espèce.

Quelle sera cette doctrine, à quelle source en puiserons-nous les éléments ? Les trouverons-nous dans les dogmes de la religion qui affirme être l'effet de la révélation divine, de la révélation de l'esprit de Dieu, ou dans les dogmes de la science qui, appuyant son savoir sur l'observation et l'expérimentation, considère sa foi en toutes probabilités logiques comme l'effet de la révélation rationnelle, de la révélation de l'esprit de la nature ?

Le Christianisme, étant de toutes les religions la plus répandue chez les peuples qui marchent au premier rang de la civilisation, nous croyons n'avoir pas à nous occuper, en ce moment, des autres croyances religieuses. Posons-nous donc cette question: Est-ce dans l'ensemble des dogmes de la religion chrétienne, ou est-ce dans l'ensemble des dogmes de la science que consiste le vrai moral ?

Voilà le premier problème que nous avons à résoudre. Comment y parviendrons-nous? Si peu versés que nous soyons dans la connaissance des choses, nous nous voyons forcés de faire comparaître devant nous la religion et la science afin de les interroger et de les juger[1]. C'est là une situa-

1. On remarquera que nous écrivons de deux manières le mot: religion. Nous ne donnons l'initiale majuscule qu'au terme: Religion, signifiant selon nous, religion normale, c'est-

tion à laquelle nous ne pouvons nous dérober,
situation d'autant plus grave que la sentence à
prononcer doit être définitive : car, évidemment, il
n'y a pas, dans cette circonstance, dé recours
possible, en dernier ressort, à un autre tribunal
que celui de notre conscience, puisqu'il s'agit de
constater le vrai, en reconnaissant à l'une des deux
parties adverses le droit de porter le nom de la
vérité même. Que déciderons-nous ? Pour fixer
notre jugement, comment arriverons-nous à éclairer
notre discernement ? Sans aucun doute, c'est en
exigeant que les différentes pièces, considérées à
tort ou à raison comme probantes, soient versées
au dossier dans l'instruction de cet important
procès, et aussi que la franchise des procédés de
la défense vienne répondre à la droiture des procédés de la juridiction.

Si nous sentons naître en nous la plus généreuse
aspiration, c'est-à-dire l'aspiration visant la connaissance et la pratique de tout ce qu'exige la
réalisation du bonheur de notre espèce, nous
arrivons bientôt à reconnaître que nous avons à
être juges entre la religion dont on nous a inculqué
les dogmes dès notre enfance et la science dont les
axiomes ne nous ont été enseignés qu'à l'âge où
notre raison a pu en saisir la portée. Interrogeons

à-dire saine philosophie ; tandis que nous donnons l'initiale
minuscule au terme : religion qui est pour nous l'équivalent
de religion prétendue révélée.

alors la religion et la science et, admettant, *a priori* que toutes deux plaident l'une contre l'autre avec le même respect pour la vérité, si ce n'est au moyen d'arguments de même valeur, voyons quelles sont les preuves qu'elles peuvent faire valoir à l'appui de ce qu'elles affirment. C'est ce que notre esprit, animé du désir irrésistible de connaître le vrai, le plus précieux pour l'humanité, doit avoir le droit d'examiner, afin de concevoir en théorie la loi directrice imposée à notre activité par la sagesse suprême et d'observer cette loi dans la pratique de tout ce qui est nécessaire pour la satisfaction normale de notre sensibilité.

Interrogeons donc la religion et la science en demandant, d'abord, à chacune d'elles de quelle source proviennent les éléments de son savoir et de sa foi.

La religion nous dit que son savoir et sa foi, devant être considérés comme les effets incomparables de l'inspiration divine, sont, par conséquent, bien au-dessus de tout savoir et de toute croyance, dont l'esprit humain puisse se prévaloir, lorsqu'il est réduit à ses propres forces. De son côté, la science nous apprend que son savoir est le fruit non seulement de l'observation spéculative ; mais aussi de l'observation pratique, c'est-à-dire de l'étude et de l'expérimentation ; tandis que sa croyance ou en un autre terme, sa foi, résultant toujours de la constatation des probabilités, logi-

quement démontrées, doit être considérée comme
l'effet de la révélation rationnelle, de la révélation
que l'esprit humain trouve dans l'étude approfondie
de l'esprit de la nature.

Ce sont là deux affirmations différentes qu'il
s'agit d'analyser pour pouvoir les apprécier à leur
juste valeur, en soumettant les arguments de
chacune des parties adverses au jugement de la
raison qui met en nous 'e criterium de la probabilité logique ou de la certitude objective au point de
contact par lequel notre esprit communique avec
l'esprit de la nature. Il ne faut pas alors, prétendre
que la raison humaine étant faillible, ne peut être
juge de ce grave débat. Nous sommes de ceux qui
affirment que l'intelligence, si faible qu'elle soit
chez les êtres pensants de l'animalité comme de
l'humanité est cependant infaillible dans le ressort
de ses attributions, en dehors desquelles il n'y a
qu'erreur ou ignorance. L'animal, n'atteignant
pas le haut degré de capacité qui, chez l'homme,
s'appelle le bon sens, la raison, conçoit pourtant
des idées vraies ; mais il n'a pas l'idée du vrai, le
sentiment de la conformité qui peut exister entre
la réalité et l'idée conçue. L'homme seul est
capable d'éprouver ce sentiment du vrai, parce
que, seul, il est en possession de la faculté de faire
agir son esprit sur son esprit, de replier sa pensée
sur elle-même, c'est-à-dire de la faculté de réfléchir. Si l'animal peut jusqu'à un certain point,

penser, associer des idées, il n'est pas apte à la réflexion et, par conséquent, n'est pas capable d'éprouver le sentiment de la conformité qui s'établit entre ses idées et les faits dont elles sont l'exacte impression ; il n'est pas capable d'éprouver le sentiment du vrai qui intéresse son existence, n'ayant pour lui d'autre sentiment intellectuel que celui de la réalité qu'il désire, ou de la réalité qu'il redoute. Dans le sentiment seul de la réalité désirée ou de la réalité redoutée, l'intelligence, chez les êtres de certaines espèces animales, est infaillible, puisque c'est en cela uniquement, qu'ils conçoivent des idées vraies, idées sous l'influence desquelles l'activité intellectuelle de ces êtres préside à l'emploi des moyens de satisfaction ou de préservation dont ils sont pourvus.

Nous sommes donc de ceux qui affirment que toute faculté intellectuelle, s'exerçant dans le domaine, si restreint qu'il soit, de ses attributions, èst infaillible et qu'elle n'est faillible qu'à partir du moment où elle sort de la limite de sa capacité de la limite de ses aptitudes. Ce que l'intelligence ne comprend pas par défaut d'aptitude ne doit pas être pour elle l'objet d'une opinion quelconque ; et si, malgré son incapacité, elle s'obstine dans ses efforts, alors elle s'éloigne du domaine de la vérité qui lui est accessible, et se fourvoie dans le domaine de l'ignorance et de l'erreur. Par conséquent, nous pouvons dire : Le prétendu bon sens

qui se trompe n'est autre chose qu'un sens défectueux ; ce n'est pas le bon sens ; la prétendue
raison qui a tort n'est que le contraire de la raison ;
c'est la déraison; mais ce n'est qu'un dehors du
vrai qui lui est accessible que le bon sens, la
raison peut se tromper, peut avoir tort et perdre,
par cela même son attribut d'infaillibilité.

La raison humaine, si limitée qu'elle soit, n'est
donc pas faillible, tant qu'elle s'exerce dans la
mesure de ses attributions ; elle peut, alors, être
appelée comme juge dans ce débat qui l'intéresse
au plus haut degré, toutes les questions qui s'y
rapportent étant de la compétence qui la caractérise.
Or, pour ne pas dépasser la mesure assignée à ses
attributions, il faut qu'elle les connaisse dans toute
leur étendue. Et comment arrive-t-elle à les connaître ? Elle n'y parvient qu'en observant d'une
manière strictement rigoureuse chacune des lois
fondamentales du raisonnement logique, lois dont
la connaissance lui est donnée par la raison
suprême dans le contact qui se produit entre elle-
même et cette raison de la nature, d'abord, à chaque
conception d'une vérité immédiate, d'une vérité
évidente par elle-même ; puis à chaque conception
d'une vérité médiate, d'une vérité découverte et
comprise par le moyen de la réflexion, appliquée à
la recherche, soit spéculative, soit expérimentale.
Mais cet ensemble des lois fondamentales du
raisonnement logique ne s'est pas formé en un jour;

il a fallu, pour le réaliser, une succession incessante de progrès intellectuels et moraux, il a fallu
qu'il fût l'œuvre de l'évolution constante de l'intelligence unie à la volonté en vue de l'accomplissement du vrai absolu, accomplissement auquel
préside la sagesse suprême et auquel doit prendre
part la sagesse humaine. En effet, si l'homme a pu
admettre, sans une longue réflexion, certaines vérités irrécusables, certains axiômes, il n'est pas
parvenu à en concevoir de plus complexes, sans un
plus long travail de recherche. S'il a facilement compris, par exemple, que le plus court chemin d'un
point à un autre est la ligne droite ; que deux quanti-
tés égales à une troisième sont égales entre elles ;
qu'un tout quelconque est plus grand que chacune
des parties qui le constituent, ou que le contenu
est plus petit que le contenant, ce n'est qu'à la
suite d'un certain travail d'observation et de
calcul qu'il est arrivé à découvrir que les trois
angles d'un triangle équivalent à deux angles
droits ; que le carré fait sur l'hypoténuse d'un
triangle rectangle est égal à la somme des carrés
faits sur chacun des deux autres côtés de ce triangle.
Mais il n'y a là que des vérités purement mathé-
matiques, des axiômes de science exacte. Combien
plus d'efforts lui sont nécessaires, lorsqu'il s'applique à la recherche des vérités absolues qui
appartiennent aux sciences d'observation : aux
sciences physiques ou aux sciences philosophiques.

C'est alors qu'il doit s'étudier lui-même en observant les effets produits sur sa sensibilité par l'acton des phénomènes qui s'accomplissent soit en lui, soit en dehors de lui. Il faut qu'il analyse ces phénomènes, en analysant ses sensations, et pour que cette recherche analytique lui donne le résultat qu'il en attend, c'est-à-dire la connaissance du vrai qui sera aussi bien la loi de ces phénomènes que la loi de sa sensibilité, il lui est nécessaire d'apporter toute son attention et toute son intelligence à ce travail de recherche spéculative et expérimentale. Partant de là, il examine les phénomènes dans leur manière d'être, soit qu'ils se produisent successivement, soit qu'ils se produisent simultanément, il les compare entre eux dans leur rapport de similitude, d'analogie ou de différence ; et, si, parmi ces phénomènes, il en remarque un certain nombre qui soient reliés les uns aux autres dans un enchaînement d'une évidence éclatante, il en conclut que chacun d'eux est l'effet immédiat de celui qui le précède ou, en d'autres termes, que chacun d'eux est la cause immédiate de celui qui le suit. L'homme conçoit, alors, le vrai qui est la loi du rapport de cause à effet. Mais l'esprit d'investigation, caractérisant l'être qui réfléchit, ne se contente pas de la constatation des choses immédiates ; il éprouve encore le besoin de rechercher la constatation des choses médiates qu'il lui est donné d'atteindre par le

raisonnement. En quoi consiste cet enchaînement
de causes et d'effets, se demande-t-il? A-t-il eu
un commencement; quelle en a été la cause première? Aura-t-il une fin; quel en sera l'effet dernier?
Ou bien si cet enchaînement est éternel, quel est le
principe permanent qui préside à l'ensemble harmonique comme à la succession des phénomènes,
éléments constitutifs de cet enchaînement? Si par
la sensibilité de sa conscience, l'être doué de
réflexion a pu constater la réalité des faits qu'il a
observés, lorsqu'ils se sont accomplis en sa présence, comment arrivera-t-il à constater la réalité
soit de ceux dont l'accomplissement s'est produit
antérieurement ou doit se produire postérieurement
à son existence, soit de ceux qui s'accomplissent
pendant son existence; mais en dehors de la
portée de ses moyens de constatation immédiate ?
Voilà les questions qu'il se pose. Il ne tarde pas
alors, à reconnaître la nécessité de mettre en
œuvre, les moyens de constatation médiate dont
il dispose; il sent qu'il n'est plus, là, dans le
domaine de la certitude ; mais dans celui de l'incertitude; ce n'est plus le savoir précis qu'il peut se
proposer d'atteindre dans la constatation de la
réalité ; mais la croyance logique, dans la constatation de la probabilité. Or, pour croire logiquement quels procédés emploiera-t-il ?

Il procèdera soit par la méthode d'induction, soit
par la méthode de déduction ; car ce sont là les

deux procédés fondamentaux du raisonnement logique.

Mais qu'est-ce que la méthode d'induction; et qu'est-ce que la méthode de déduction; en quoi ces deux procédés du raisonnement logique consistent-ils ?

Lorsque notre esprit tend à s'élever de la constatation d'un fait particulier à la connaissance du fait général auquel appartient ce fait particulier; en d'autres termes, lorsque nous nous efforçons de parvenir de la constatation d'un phénomène quelconque à la découverte de la loi qui régit ce phénomène, nous procédons par voie d'induction. Si au contraire, partant de la connaissance d'une loi, nous arrivons à penser qu'un phénomène que nous observons ou que nous croyons possible, doit être l'effet de cette loi, nous procédons, alors, par voie de déduction. Par l'induction notre esprit passe donc de la constatation de la réalité d'un fait à la conception de la vérité qui est la loi en vertu de laquelle s'accomplit ce fait; tandis que par la déduction il prend comme point de départ la connaissance d'une loi, pour arriver à constater que la réalisation d'un fait est ou sera la conséquence de cette loi. Dans l'induction nous procédons du particulier au général; dans la déduction nous procédons, au contraire, du général au particulier.

Donnons les exemples suivants comme appui à

cette définition des deux moyens du raisonnement-logique :

Les conditions qu'exige la vie des êtres organisés se réalisent sur notre planète. Or, la raison ne peut admettre que parmi les innombrables globes qui gravitent dans l'espace celui auquel nous appartenons soit le seul habité. Il est donc rationnel de croire que les conditions nécessaires à la vie se réalisent aussi sur d'autres planètes et que ces planètes sont habitées.

Pour arriver à cette conclusion, notre raisonnement a procédé par voie d'induction ; car, prenant pour point de départ le fait particulier de la réalité des conditions indispensables à la vie sur notre planète, il a été amené à conclure que l'ensemble de ces conditions vitales est un fait général qui se réalise aussi bien sur d'autres planètes que sur la nôtre. Certes, il ne faut voir dans cette conclusion qu'une hypothèse ; mais toute hypothèse est admissible, lorsqu'elle est fondée aussi rationnellement sur le maximum de la probabilité, car on peut espérer qu'un jour, une preuve matérielle viendra transformer en certitude la probabilité du fait, reconnu jusque-là comme vraisemblable.

Admettons, maintenant, la probabilité de l'existance d'êtres animés sur d'autres planètes que la nôtre et demandons-nous quelle sera la conclusion de notre raisonnement, si l'on nous annonce là découverte d'une planète pourvue, comme les au-

tres globes observés, des conditions nécessaires
à la vie? Certainement, nous n'hésiterons pas à
conclure que ce globe, nouvellement découvert,
est, probablement, habité, parce que nous ne pourrions admettre que les conditions nécessaires à la
vie y aient été établies dans un autre but que
celui de l'existence d'êtres animés. Cette fois,
nous aurons procédé par voie de déduction; partant de l'affirmation de la probabilité d'un fait général, nous serons arrivés à la conception·de la
probabilité d'un fait particulier qui doit dériver de
ce fait général. Voilà en quoi consistent les deux
modes du raisonnement logique.

A ces deux procédés du raisonnement on a cru
devoir en ajouter un troisième ; c'est celui que l'on
a appelé raisonnement par analogie. Or, il nous
semble que l'analogie, c'est-à-dire un certain degré
de similitude se manifestant entre plusieurs choses
différentes, ne doit pas être considérée comme un
moyen de raisonner logiquement, mais comme un
motif d'induction pouvant conduire à la recherche
et à la découverte de certaines vérités. Pas plus
que l'antinomie et l'identité l'analogie n'est un
procédé de raisonnement; c'est une manière d'être,
un objet d'observation et non une manière d'agir
intellectuellement, c'est-à-dire d'observer et de
raisonner. Il n'y a donc que deux procédés logiques
de raisonnement : l'induction et la déduction. Mais
ces procédés n'ont pas tous deux une égale valeur

au point de vue de la conclusion qu'ils déterminent; l'induction, ayant pour point de départ la
constatation d'un fait particulier qui, certainement,
ne peut contenir le fait général de son espèce,
n'aboutit jamais qu'à l'affirmation de quelque probabilité concernant ce fait général, tandis que la
déduction peut conduire de la certitude d'un fait
général à la certitude d'un fait particulier dépendant de ce fait général. La première n'est qu'un
procédé de recherche, la seconde est un procédé
de démonstration qui permet de constater qu'un
fait particulier, étant compris dans le fait général
de l'espèce à laquelle il appartient, en dérive nécessairement sous le rapport caractéristique. C'est
dans la déduction logique, en effet, et non dans
l'induction que le procédé de raisonnement appelé
syllogisme trouve toute sa force. L'exemple d'induction et l'exemple de déduction que nous avons
donnés sont des syllogismes; mais ne concluent
l'un et l'autre, le syllogisme inductif et le syllogisme déductif, que par l'affirmation d'une probabilité. Or, si, comme nous venons de le dire, la
déduction seule peut conduire à la certitude, ce
n'est qu'à cette condition que le point de départ
du raisonnement soit une certitude objective.

En quoi donc le syllogisme déductif consiste-
t-il ?

Le syllogisme déductif est un argument composé de trois propositions dont la dernière est

déduite de la première par le moyen de la seconde.

Si nous disons : *Tous les êtres organisés sont mortels. Or, l'homme est un être organisé ; Donc, l'homme est mortel ;* nous aurons là un exemple du syllogisme déductif, proprement dit, dont nous allons présenter l'analyse dans le tableau synoptique suivant :

| | | Moyen terme | | Grand terme | |
|---|---|---|---|---|---|
| **Prémisses** | 1er – Tous les | êtres organisés | sont | mortels. | – Majeure – Idée générale. |
| | | Petit terme | | Moyen terme | |
| | 2me – Or, | l'homme | est un | être organisé; | – Mineure – Idée intermédiaire |
| | | Petit terme | | Grand terme | |
| **Conséquences** | 3me – Donc, | l'homme | est | mortel. | – Conclusion. – Idée partielle. |

On voit, à l'examen de ce tableau synoptique, dans quels rapports s'associent les idées et par conséquent les termes qui les expriment pour déterminer dans l'esprit une conclusion logique.

La dernière proposition, appelée *Conséquence* ou *Conclusion*, dérive, évidemment, de la première proposition, appelée *1re Prémisse* ou *Majeure,* ces deux propositions extrêmes étant reliées l'une à l'autre par l'idée intermédiaire qui, exprimée dans la seconde proposition, appelée *2me Prémisse* ou *Mineure*, est le lien unissant l'idée partielle, exprimée dans la troisième proposition, à l'idée générale, exprimée dans la première.

Cet exemple de syllogisme montre suffisamment que l'idée intermédiaire : *l'homme est un être organisé* renferme dans l'étendue de ce terme de l'idée générale : *êtres organisés* le petit terme

4

de l'idée particielle : *l'homme*, et que le grand terme
de la conclusion : *mortel* appartient comme attribut à la compréhension de ce petit terme : *l'homme*,
parce que ce même terme : *mortels* appartient,
d'abord, comme attribut, à la compréhension du
moyen terme : *êtres organisés*. Certainement, cet
exemple de syllogisme est la démonstration de
cette vérité, que l'homme, faisant partie de l'ensemble des êtres organisés, est mortel, comme
chacun des autres êtres de cet ensemble.

On objectera, peut-être, que, pour démontrer
une vérité aussi simple, nous n'avions nul besoin
de nous livrer à cette opération, logique, mais
complexe, du syllogisme. A cela nous répondrons
qu'une telle objection ne doit venir que de ceux-là
seuls qui, comme M. Jourdain étonné d'apprendre
qu'il fait, depuis longtemps, de la prose sans le
savoir, ne s'aperçoivent pas que l'on ne saurait
raisonner logiquement en dehors du syllogisme.
Tous nos raisonnements sont des syllogismes ;
mais ils ne sont justes que lorsque leurs données,
leurs prémisses, sont vraies et concordent dans
un même ordre d'idées, de manière à déterminer,
par la synthèse des vérités qu'elles expriment, une
conclusion rationnelle. C'est par défaut de cor-
rection, sous ce double rapport, que nous tombe-
rions dans le paralogisme ou le sophisme, si nous
disions : *Le rat ronge. Or, rat est une syllabe ;
donc, une syllabe ronge.* Il est vrai qu'un rat est

un animal rongeur ; mais il n'est pas vrai qu'un rat soit une syllabe, et il n'y a pas de synthèse possible entre l'idée que nous nous faisons d'un rat et celle que nous nous faisons d'une syllabe ; car ce sont là deux idées d'ordres différents.

Le syllogisme peut prendre d'autres formes que celle sous laquelle nous venons de le présenter. Quelquefois on supprime, en la sous-entendant, l'une ou l'autre des prémisses. Ainsi, au lieu de dire en trois propositions. *Il faut aimer ce qui nous rend heureux; or la vertu nous rend heureux; donc il faut aimer la vertu*, on dira, en sous-entendant la première prémisse : *La vertu nous rend heureux; donc il faut aimer la vertu;* ou bien, en sous-entendant la seconde prémisse, on dira : *Il faut aimer ce qui nous rend heureux; donc, il faut aimer la vertu*. Ce sont là les deux modes du syllogisme que l'on appelle un enthymème. Voici les autres formes du syllogisme : l'épichérème, le sorite, le dilemme et l'exemple. L'épichérème est un syllogisme dont l'une au moins des prémisses est accompagnée de sa preuve. Si nous ajoutons une preuve à chaque prémisse de l'enthymème que nous venons de donner comme exemple, nous aurons cet épichérème : *Il faut aimer ce qui nous rend heureux; puisque le bonheur est notre but; or, la vertu nous rend heureux; donc il faut aimer la vertu*. Le sorite est une série de propositions dans laquelle l'attribut

de la première devient le sujet de la seconde,
l'attribut de la seconde le sujet de la troisième, et
ainsi de suite jusqu'à ce que le sujet de la première
se trouve uni à l'attribut de la dernière dans la
conclusion. Ex. *L'homme insatiable a toujours
des désirs : celui qui a toujours des désirs
manque de beaucoup de choses ; celui qui manque de beaucoup de choses est misérable ; donc
l'homme insatiable est misérable.* Le dilemme
est l'union de deux syllogismes opposés, dont
l'alternative est inévitable, mais aboutissant tous
deux à une seule et même conclusion. *Un général
disait à une sentinelle qui avait laissé l'ennemi
surprendre le camp retranché : Tu étais à ton
poste, ou tu n'y étais pas ; si tu étais à ton poste,
tu as agi en traître ; si tu n'y étais pas, tu as
manqué à la discipline ; donc tu mérites la
mort.* L'exemple est un syllogisme où l'on déduit
une proposition d'une autre avec laquelle elle a un
rapport de ressemblance, d'opposition ou de supé-
riorité ; de là trois espèces d'exemples appelés *a
pari, a contrario, a fortiori.* Ex. *A pari — Paul
a été récompensé pour un acte de dévouement ;
or Pierre vient aussi d'accomplir un pareil acte.
Pierre mérite donc d'être récompensé comme
Paul. — A contrario — Il faut rechercher le bien ;
il faut au contraire éviter le mal. — A fortiori
— Si vous aimez les enfants des autres, à plus
forte raison, vous aimerez vos propres enfants.*

Ces diverses formes du syllogisme peuvent être ramenées à la forme ordinaire du syllogisme à trois propositions, chaque prémisse supprimée devant être sous-entendue, et chaque proposition ajoutée étant complémentaire, mais non indispensable.

Voilà en quoi consistent les différents procédés de raisonnement logique à l'aide desquels notre raison peut discerner clairement ce qui est certain, et ce qui est probable, c'est-à-dire à l'aide desquels elle peut connaître toute l'étendue de ses attributions et s'y maintenir pour conserver son infaillibilité. Qu'elle veille donc à ne pas sortir des limites qui lui sont assignées, et nous nous empresserons de reconnaître comme irrévocable la sentence qu'elle est appelée à prononcer à l'issue du débat qu'il s'agit d'ouvrir entre la religion et la science.

# LE DOGME CHRÉTIEN
# ET LE DOGME PHILOSOPHIQUE

Nous avons en mains deux affirmations contrai-res, comme réponses à la première question que nous avons posée à la religion et à la science, en demandant à chacune d'elles de nous faire con-naître la source à laquelle ont été puisés les élé-ments de son savoir et de sa foi. D'une part, la religion nous a dit que son savoir et sa foi, devant être considérés comme les effets incomparables de l'inspiration divine, sont, par conséquent, bien au-dessus de tout savoir et de toute croyance dont l'esprit humain puisse se prévaloir, lorsqu'il est réduit à ses propres forces. D'autre part, la science nous a déclaré que son savoir est le fruit non seulement de l'observation spéculative, mais aussi de l'observation pratique, c'est-à-dire de l'étude et de l'expérimentation ; tandis que sa foi, reposant toujours sur la constatation des probabilités logiquement démontrées, doit être considérée comme l'effet de la révélation rationnelle, de la révélation que l'esprit humain trouve dans l'étude approfondie de l'esprit de la nature.

Or, quelle est celle de ces deux doctrines que notre raison ait à considérer comme doctrine du vrai moral ? Est-ce la doctrine que la religion chrétienne affirme être l'œuvre de la révélation divine ; ou bien est-ce la doctrine que la science affirme être l'œuvre de la révélation rationnelle ? Sur quelles preuves matérielles ou logiques, sur quelles preuves intrinsèques ou extrinsèques la religion, d'une part, et la science, d'autre part, font-elles reposer le dogme que chacune d'elles préconise ?

Sachant que par preuves matérielles ou intrinsèques il faut entendre les preuves susceptibles de constatation immédiate, les preuves contenues dans la chose même, et, par conséquent, ne donnant prise à aucune critique, à aucune objection ; puisque, par preuves logiques ou extrinsèques, il faut entendre les preuves qu'amène un raisonnement irrécusable, apportons toute notre attention à l'examen des arguments employés contradictoirement par les deux adversaires.

Pour plaider sa cause, la religion chrétienne présente à l'appui du dogme de la révélation divine, comme preuves matérielles, d'abord, l'authenticité, qu'elle prétend incontestable, des livres dont l'ensemble constitue le recueil de documents, appelé la Bible, c'est-à-dire l'Ancien et le Nouveau Testament ; puis, avec cela, les miracles qui se sont accomplis ou ceux qui peuvent encore s'accomplir ; et, enfin, les décrets des Conciles, les encycliques, les bulles et les paroles doctrinales de ses souverains pontifes. Quant aux preuves logiques, on doit, dit l'Eglise, les trouver dans tous les arguments sur lesquels est fondé son enseignement, arguments qu'elle affirme être toujours inspirés par l'Esprit-Saint.

Avant tout examen d'un ensemble de documents que la tradition tend à nous faire admettre comme l'œuvre d'une inspiration divine, comme le livre par excellence, quelle idée première serons-nous naturellement portés à en concevoir, si nous croyons que cette tradition est entièrement conforme à la vérité ? Evidemment, nous nous attendrons à trouver dans un tel livre plus d'une preuve éclatante de la sagesse absolue qui aura présidé à sa composition, sous le double rapport de la forme expressive et de l'esprit doctrinal. Si, au contraire, nous sommes peu disposés à un degré quelconque de confiance dans la sincérité ou la fidélité constante de cette tradition, nous n'aurons qu'à

découvrir dans les textes, soumis à notre analyse,
les éléments de certitude qui doivent fixer notre
jugement sur la valeur réelle du dogme de l'inspiration divine, du dogme de la révélation attribuée
à l'Esprit-Saint. De l'arrêt prononcé par notre conscience découlera logiquement l'opinion que nous
aurons à nous faire à l'égard de toutes les autres affirmations de l'Eglise, si ces affirmations ne reposent
pas soit sur des preuves irrécusables, soit sur des
probabilités rationnelles.

Résoudre la question de l'authenticité des différents livres, qui constituent l'Ancien et le Nouveau
Testament, est, selon nous, d'une importance se-
condaire. Peu nous importe, en effet, que chacun
de ces livres soit ou ne soit pas de tel ou tel auteur
auquel il est attribué ; ce que nous avons à trouver dans leur substance, c'est la preuve de l'inspiration divine et, par conséquent, l'évidence du
vrai moral absolu dont, certainement, doit faire
partie le vrai moral relatif que nous aurons à considérer comme règle de conduite ; c'est, en un mot,
le dogme de la Révélation qu'il s'agit, premièrement, de mettre en cause, tous les autres dogmes,
composant l'ensemble de la doctrine chrétienne,
n'étant que les divers éléments constitutifs de cette
révélation même, puisque tous sont préconisés par
l'Eglise uniquement parce que, suivant son enseignement, ils ont été révélés par l'Esprit-Saint.

Pour employer une de ces images, ordinairement recherchées par les docteurs du christianisme, on pourrait comparer la Révélation a un faisceau lumineux dont les rayons, émanant de la lumière divine représenteraient les dogmes fondamentaux de la religion, dogmes dont voici l'énumération : l'Unité de Dieu et sa Trinité, la Création, le Péché originel, la divinité de Jésus ou l'Incarnation, la Rédemption, la Réversibilité des mérites du Christ, la Rémission des péchés, la Grâce, la Prédestination, les Miracles, les Prophéties, la Présence réelle de Jésus-Christ sous les espèces eucharistiques, la Résurrection des corps, l'Eternité des peines et l'Immaculée conception.

Or, chacun de ces dogmes est-il l'expression d'une vérité appartenant à l'ensemble du vrai moral absolu, est-il l'expression d'une vérité dont l'application puisse contribuer à la réalisation du véritable bonheur ?

Nous pouvons répondre à cela en démontrant qu'aucun de ces dogmes, considérés au point de vue purement philosophique, n'est l'affirmation d'une vérité morale, d'une vérité susceptible d'application. Expriment-ils, alors, l'affirmation de vérités d'ordre exclusivement intellectuel ? Ces différents dogmes sont d'éternels mystères, pour l'intelligence humaine ; par conséquent, ils ne sont pas non plus d'ordre intellectuel. Dans quel ordre d'idées faut-il donc les classer ? Ne serait-ce pas

dans le désordre des idées préconçues plutôt que
dans un ordre quelconque d'idées rationnelles ?

S'il ne s'agissait, en ce qui concerne le premier
de ces dogmes, que du concept de l'unité de Dieu,
l'intelligence humaine trouverait certainement le
moyen de satisfaire à sa plus haute aspiration en
se livrant à la recherche d'une solution plausible
de la question qui a pour objet soit la constatation,
soit la connaissance du principe suprême de l'ordre universel ; mais ce n'est pas seulement de
l'unité de Dieu, c'est aussi de sa trinité qu'il s'agit
dans le concept de ce dogme.

Suivant la doctrine de l'Eglise, Dieu est un seul
Dieu en trois personnes dont chacune est Dieu
même intégralement, et non partie constituante
de Dieu. Qu'est-ce que cela veut dire ? N'est-ce pas
là un non-sens ?

Nous comprenons fort bien qu'un être se manifeste sous trois aspects, trois attributs ou trois
modes d'action, ou bien encore que trois êtres forment par leur ensemble une seule unité collective ;
mais nous ne comprenons plus qu'un être soit, en
même temps, simple et multiple. Deux termes, se
neutralisant totalement l'un l'autre, ne peuvent servir à qualifier un seul et même objet ; employés
simultanément, ces termes opposés ne détermineront jamais autre chose qu'un non-sens ; car il n'y
a pas d'idée concevable entre l'affirmation et la négation d'un fait quelconque, si ce n'est cette idée

que la réalité de ce fait visé reste toujours en question. On nous dira que la coexistence en Dieu de son unité et de sa trinité est une vérité non pas d'ordre intellectuel, mais d'ordre théologique. A cela nous répondrons que nous ne voyons dans ce dogme de l'unité et de la trinité, se confondant l'une dans l'autre, que l'affirmation, sans preuve, d'un fait incompréhensible dont la démonstration nous paraît aussi inutile qu'elle est impossible et que nous ne considérons comme vrai ou tout au moins comme probable que ce qui repose sur la constatation soit d'une preuve, soit d'une probabilité.

Malheureusement, trop nombreux sont encore ceux chez qui la foi est plus forte que la logique et pour qui un non-sens peut-être l'équivalent d'une vérité. Ceux-là sont de l'école de Tertullien qui leur a enseigné son *credo quia absurdum* [1]. S'efforcer de les convaincre de l'erreur qui les aveugle et dans laquelle ils croient, cependant, voir un acte méritoire, un acte de foi, serait peine perdue, puisque l'absurde est pour eux un motif de crédibilité. Cependant, la foi peut être force morale, comme elle peut être faiblesse intellectuelle. Confiance éclairée en toute œuvre tendant à un progrès individuel ou social, elle est capable des plus nobles actions, capable du plus beau dévoue-

1. Credo quia absurdum — Je crois parce que c'est absurde — Tertullien — De carne Christi, ch. 5, t. III.

ment ; confiance aveugle en certaines pratiques de dévotion, elle risque de se laisser entraîner au plus cruel fanatisme. La vraie foi n'affirme rien d'illogique, parce qu'elle est le reflet pur de la raison, cette lumière divine qui, éclairant l'intelligence humaine, lui apporte la connaissance du principe dont elle est, elle-même, l'émanation. Ce principe c'est Dieu, l'être absolu, l'être infini, éternel, immuable et parfait en qui tout existe et à qui tout est relatif, en un mot, l'Etre Universel que nous appelons : la Nature.

Or, si la raison est la lumière divine dont le rayonnement éclaire notre intelligence, nous n'avons qu'à suivre la voie que cette même raison nous permet de discerner clairement, pour arriver à la solution des deux questions suivantes :

Est-il admissible que l'être universel soit parfait, malgré la présence en lui de tout ce qui est imparfait ?

Est-il admissible aussi que cet être universel soit immuable, quoique composé de tout ce qui, étant muable, est toujours en voie de transformation ?

On comprend, sans la moindre difficulté, que l'être universel soit éternellement l'ensemble de tous les êtres relatifs, de tous les êtres partitifs, dont les transformations se succèdent indéfiniment en lui. Quant à ce qui est imparfait, comment concevoir la possibilité de sa présence dans le parfait, sans qu'il soit porté préjudice à la perfection par l'imperfection ? Et comment concevoir que ce qui est muable soit partie intégrante de ce qui est immuable ?

De prime abord, ces deux questions paraissent aussi insolubles dans le sens affirmatif que la question de la coexistence de l'unité et de la trinité divines, que la question de l'unité de Dieu en trois personnes ; mais une analyse plus attentive et plus correcte des termes : parfait et imparfait, muable et immuable ne tarde pas à nous conduire à la solution cherchée.

Or, quelle est la signification précise des termes : parfait et imparfait appliqués aux choses de l'ordre universel ?

Dans le langage courant, ce qui est parfait, c'est ce qui est absolument bien fait ; ce qui est imparfait, c'est ce qui est relativement mal fait ; dans le langage philosophique, ce qui est parfait, c'est ce qui est absolument conforme au but de la nature, par conséquent, à la loi générale qui régit toutes choses dans l'ordre universel ; ce qui est imparfait, c'est ce qui, étant en voie de progrès ou de décadence, de composition ou de décomposition, n'est que relativement conforme à cette même loi, les êtres organisés n'y obéissant qu'en raison directe de la force d'assimilation, soit physique, soit intellectuelle, soit morale, qu'ils possèdent à un degré quelconque, variant selon

les espèces et les individus. Aux yeux de la nature, rien de ce qui existe n'est plus ou moins
mal fait, tout ce qu'elle veut devant s'accomplir,
parce que tout ce qu'elle veut lui est nécessaire et
rien ne pouvant s'accomplir sans sa volonté.

On objectera que le mal existe cependant et
que la nature doit, alors, le juger nécessaire et
le vouloir, puisque rien ne se produit en dehors
de sa volonté ; ou encore que la nature, ayant
donné le libre arbitre à des êtres, créés par elle,
doit ressentir les effets des mauvaises actions que
ces êtres commettent, en transgressant ses lois.
De là résulterait cette conséquence : que la nature
ne serait pas parfaite, puisqu'elle voudrait le mal
et en ressentirait les effets.

Pour répondre à cette objection, il importe de
faire remarquer que si le mal se produit dans
l'ensemble universel, le bien s'y produit également
et que, si la somme totale du bien correspond à la
somme totale du mal, il doit y avoir, par cela
même, compensation parfaite de l'un par l'autre.
Alors l'être que constitue l'ensemble universel,
étant l'être absolu, possédant par conséquent au
plus haut degré toutes les capacités sensitives et
actives, mais sentant et agissant toujours universellement, constaterait cette compensation, sans
avoir à ressentir les effets du bien et du mal,
exactement compensés l'un par l'autre. Cependant
cet être absolu aurait au moins la jouissance qu'il

trouverait dans la constatation de l'accomplissement régulier de sa loi, de cette loi d'évolution,
loi éternelle et dont l'accomplissement représente-
rait l'incessante circulation de la vie chez l'être
sans bornes. —

Une telle jouissance serait certainement la réalisation de la plus pure félicité, puisqu'elle consisterait dans la satisfaction éternellement constante
de la volonté.

Nous verrons plus tard, en étudiant cette hypothèse, ce qu'il faut en penser.

Pour le moment, il s'agit de donner une signification précise aux termes : muable et immuable.

Ce qui est muable, c'est évidemment ce qui est
susceptible de changement dans sa manière d'être,
ce qui peut se transformer. Ce qui est immuable,
c'est ce qui ne peut changer de manière d'être.
Or, nous avons dit que nous comprenons sans la
moindre difficulté que l'être universel, l'être absolu, soit éternellement l'ensemble de tous les
êtres partitifs, de tous les êtres relatifs dont les
transformations se succèdent indéfiniment en lui.
Nous le comprenons sans peine, parce que c'est là
une vérité qui n'exige pas de démonstration, une
vérité d'évidence immédiate. Que devons-nous
conclure de cela ? C'est que l'être universel, étant
toujours tel qu'il a été et tel qu'il sera toujours
dans sa manière d'être ou d'agir, est, par consé-

quent, immuable, quoique renfermant en lui-même tout ce qui est constamment muable.

Nous pouvons, alors, affirmer que cet être universel, cet être absolu, est à la fois parfait et immuable : parfait, en ce sens qu'il est tel que l'exige sa loi, c'est-à-dire la nécessité de sa manière d'être ou d'agir ; immuable, en ce sens qu'il est éternellement tel que l'exige cette même loi, loi de son activité vitale, loi d'évolution du principe de vie qui, circulant sans cesse dans l'ensemble de tout ce qui est partitif, fait du collectif suprême l'être vivant par excellence. Maintenant, si nous ajoutons à cela que cet être n'est absolu que parce qu'il remplit de sa substance et de sa puissance, en activité constante, toute la capacité sans bornes de l'espace, pendant toute la durée incessante du temps, nous pouvons donner encore plus d'étendue à notre affirmation, en disant qu'il est non seulement parfait et immuable, mais aussi qu'il est éternel comme il est infini, et qu'il est un, parce qu'il est tout.

Entre le dogme de l'unité et de la trinité divines, coexistantes, se confondant l'une dans l'autre, principal concept de l'idée de Dieu, adopté par la religion chrétienne, et le dogme de l'unité de l'Etre Absolu, que constitue l'ensemble de tout ce qui existe, dogme fondamental de la Religion du Vrai, la raison discerne clairement et juge sans la moindre hésitation. Le premier de ces dogmes

5

ne lui paraît concevable d'aucune manière ; le second, au contraire, lui semble si logiquement
admissible, qu'elle ne refuse nullement de le considérer comme vérité scientifique. Elle ne parvient
à se faire aucune idée d'un être à la fois simple et
multiple, c'est-à-dire d'un seul Dieu en trois personnes ; mais elle conçoit parfaitement que l'être
absolu soit l'être universel, le Grand Tout, cet
être absolu devant renfermer, certainement, dans
son ensemble, toutes les manières d'être de ce qui
est partitif, par conséquent, de ce qui lui est relatif, de ce qui se rapporte à son existence.

Certains philosophes ne manqueront pas de
trouver matière à controverse dans ce que nous
venons de dire ; ils objecteront que ce qui est absolu consiste en ce qui, existant par soi-même,
indépendamment de toute condition, porte en soi
sa raison d'être. C'est là, selon notre manière de
voir, une définition défectueuse. Nous admettons,
certainement, que ce qui est absolu existe par soi-
même et porte en soi-même sa raison d'être. Mais,
est-ce que la présence de cette raison d'être dans
l'absolu n'est pas une condition, une condition
nécessaire à l'existence de cet absolu ? Evidemment, l'absolu n'existe qu'à la condition de porter
en soi-même la nécessité de sa manière d'être, sa
raison d'être. Est-ce que l'être universel, l'Etre
Absolu ne renferme pas en lui-même toutes les
conditions de son existence ? Il les renferme si bien

qu'aucune autre condition ne peut lui être imposée par quoi que ce soit, puisqu'il est l'ensemble de toutes choses, l'Universel Absolu, remplissant éternellement de sa substance l'espace sans bornes.

De ces deux dogmes opposés, mis en présence l'un de l'autre, il n'en est donc qu'un, celui de l'unité de l'Être Absolu, que la raison puisse accepter, parce qu'il est parfaitement intelligible; tandis que l'autre, celui de la Trinité, n'est pour elle qu'un non-sens qu'elle ne peut, certainement, considérer comme une vérité.

Chose surprenante, le premier des dogmes que l'Eglise attribue à la révélation divine, ce dogme de la Trinité, ne puise son origine dans aucun des livres de l'Ancien ou du Nouveau Testament. C'est seulement à la fin du deuxième siècle de l'ère chrétienne qu'il en est question, pour la première fois, dans la lettre que Théophile d'Antioche adresse à Antolycus (vers 185), et ce n'est qu'au quatrième siècle que paraît le Symbole, dit de Saint-Athanase, symbole approuvé par l'Eglise, et dont voici la traduction :

« Quiconque veut être sauvé doit garder la foi
« catholique, qui adore un seul Dieu dans la Tri-
« nité, et la Trinité dans l'Unité, sans confondre
« les personnes ni diviser la substance. Car autre
« est la personne du Père, autre celle du Fils,
« autre celle du Saint-Esprit; mais la divinité du

« Père, du Fils et du Saint-Esprit est une, leur
« gloire égale, leur majesté coéternelle. Tel qu'est
« le Père, tel est le Fils, tel est le Saint-Esprit.
« Tous trois sont incréés, incompréhensibles,
« éternels, tout-puissants ; et pourtant ils ne sont
« pas trois incréés, trois incompréhensibles, trois
« éternels, trois tout-puissants ; mais un seul in-
« créé, un seul incompréhensible, un seul éternel,
« un seul tout-puissant. Ainsi, le Père est Dieu,
« le Fils est Dieu, le Saint-Esprit est Dieu ; et
« pourtant ils ne sont pas trois Dieux, mais un
« seul Dieu. De même le Père est Seigneur, le
« Fils est Seigneur, le Saint-Esprit est Seigneur ;
« et pourtant ils ne sont pas trois Seigneurs,
« mais un seul Seigneur.

« D'autre part, tandis que le Père incréé n'est
« ni fait, ni engendré, le Fils, incréé aussi, est
« né pourtant du Père, non pas fait, mais engen-
« dré, et le Saint-Esprit, incréé à son tour, est
« de par le Père et le Fils, n'étant ni fait, ni
« engendré, mais procédant. Ce qui fait qu'il y a
« un seul Père et non trois Pères, un seul Fils et
« non trois Fils, un seul Saint-Esprit et non trois
« Saints-Esprits. Mais de ces trois personnes,
« aucune n'est antérieure ou postérieure à aucune
« des deux autres, aucune n'est supérieure ou in-
« férieure, de sorte que, par tous les côtés, comme
« nous l'avons dit, il y faut adorer l'Unité dans
« la Trinité et la Trinité dans l'Unité. »

Ce dogme de la Trinité est donc l'affirmation
de la coexistence de trois Etres Absolus qui n'en
feraient qu'un seul, quoique ces trois êtres absolus soient trois personnes distinctes dont la première, étant père, devrait, cependant, être relative
à la seconde, c'est-à-dire à son fils, seconde personne, par conséquent, relative aussi à la première, c'est-à-dire à son père, et dont la troisième, procédant des deux autres, devrait, par
cela même, aussi leur être relative. Mais l'Eglise
s'empresse de répliquer que ces trois personnes
ne sont pas trois relatifs constituant un absolu et
que ces trois personnes, dont chacune est absolue,
ne forment pourtant par leur unité dans leur trinité qu'un seul absolu qui est Dieu.

N'est-ce pas là prétendre définir, dans son
essence, ce qui est indéfinissable et affirmer qu'un
tel mystère est une vérité révélée ? A quoi bon,
d'ailleurs, un non-sens sous prétexte d'explication ? Mieux vaudrait nous dire : $0 + 0 + 0 = 0$,
ce qui serait mathématiquement vrai ; mais représenter Dieu par zéro ne pourrait que satisfaire
l'athéisme. Le panthéisme nous paraît plus rationnel ; non pas le panthéisme polythéiste qui serait
le fétichisme universel, le fétichisme appliqué à
tout ce qui est partitif dans l'univers matériel ;
mais le panthéisme monothéiste qui est la Religion du Vrai. Tout est dans le Tout, ce Grand
Tout étant le collectif général, le collectif suprême,

le seul Etre Absolu. Voilà ce que nous dit clairement la Raison. Croire autre chose serait absurde.

Nous n'avons pas trouvé dans le concept du premier dogme du christianisme la moindre trace du vrai moral que nous cherchons, nous n'y avons pas trouvé une preuve quelconque de la révélation divine. Voyons donc si nous serons plus heureux dans cette recherche, en analysant le second dogme, le dogme de la Création.

Cette fois, le dogme en question est entièrement exposé dans le premier livre du Pentateuque, c'est-à-dire dans le premier des cinq livres que la tradition attribue à Moïse, livres par lesquels débute l'Ancien Testament, et que l'on désigne sous les noms de Genèse, Exode, Lévitique, Nombres, Dentéronome.

La Genèse est le récit de la création. Ce récit est-il conforme à la réalité ? A-t-il été inspiré à Moïse par le Créateur ? C'est là ce que nous avons à rechercher.

Voici ce que disent les cinq premiers versets du premier chapitre de la Genèse :

« 1. Au commencement Dieu créa le ciel et la terre. »

« 2. La terre était informe et vide ; les ténèbres couvraient la face de l'abime, et l'esprit de Dieu planait sur les eaux. »

« 3. Or, Dieu dit : Que la lumière soit, et la lumière fût. »

« 4. Dieu vit que la lumière était bonne, et il sépara la lumière d'avec les ténèbres. »

« 5. Il donna à la lumière le nom de jour et aux ténèbres le nom de nuit ; et du soir et du matin se fit le premier jour. »

Incontestablement, cette expression : — Au commencement — ne peut se rapporter à l'éternité, puisque l'éternelle durée n'a ni commencement ni fin ; c'est à l'œuvre du Créateur que cette expression s'applique. Dieu a donc commencé son œuvre créatrice à un certain moment, pour l'accomplir dans un certain espace de temps, c'est-à-dire en six jours, comme l'affirmera tout à l'heure la Genèse. Le premier jour, il crée le ciel et la terre, puis la lumière. Le second jour, comme le disent les trois versets suivants, Dieu crée le firmament auquel il donne le nom de ciel.

« 6. Dieu dit aussi : Que le firmament soit fait au milieu des eaux et qu'il sépare les eaux d'avec les eaux. »

« 7. Et Dieu fit le firmament : et il sépara les eaux qui étaient sous le firmament d'avec celles qui étaient au-dessus du firmament. Et cela se fit ainsi. »

« 8. Et Dieu donna au firmament le nom de ciel ; et du soir et du matin se fit le second jour. »

Pourquoi Moïse nous représente-t-il Dieu créant le ciel, une première fois, le premier jour, et une seconde fois, le second-jour ; ne s'est-il donc pas aperçu de ce double emploi, dans son récit de la Création ; ou bien a-t-il reconnu qu'il fallait donner plus de force, plus de résistance à cette partie du ciel qu'il appelait firmament, sans doute, parce qu'elle était selon lui, destinée à supporter l'immense réservoir des eaux pluviales dont l'existence au-dessus de ce plafond des cieux lui paraissait nécessaire ? Certainement, Moïse ne nous donne là qu'une preuve de son ignorance et non la preuve de l'inspiration divine qui aurait pu, il nous semble, remédier à ce défaut de savoir, si, toutefois, Dieu tenait à faire parler Moïse en son nom.

« 9. Dieu dit encore : Que les eaux qui sont sous le ciel se rassemblent en un seul lieu, et que l'élément aride paraisse. Et cela se fit ainsi. »

« 10. Dieu donna à l'élément aride le nom de terre et il appela mer toutes ces eaux rassemblées. Et il vit que cela était bon. »

« 11. Dieu dit encore : Que la terre produise de l'herbe verte qui porte de la graine, et des arbres fruitiers qui portent du fruit chacun selon son espèce, et qui renferment leur semence en eux-mêmes pour se reproduire sur la terre. Et cela se fit ainsi. »

« 12. La terre produisit donc de l'herbe verte qui portait de la graine selon son espèce, et des arbres fruitiers qui renfermaient leur semence en eux-mêmes, chacun selon son espèce. Et Dieu vit que cela était bon. »

« 13. Et du soir et du matin se fit le troisième jour. »

Ici encore Moïse ne nous montre que son défaut de savoir. Si, en réalité, il avait été inspiré par l'esprit divin, il aurait, sans doute, appris que la formation de la chlorophylle, matière verte qui colore les tiges, les rameaux et le feuillage des plantes est toujours déterminée par l'action de la lumière directe ou diffuse du soleil ; il n'aurait pas alors représenté le Créateur faisant apparaître la végétation avant la création du soleil. Il est vrai qu'il l'a déjà représenté créant, dès le premier jour, la lumière. Cette lumière, éclairant l'atmosphère plus ou moins chargée de vapeurs lui paraissait indépendante de celle du soleil ; il l'avait vue maintes fois précéder le lever de cet astre dont, cependant, elle n'a jamais été que l'effet ; bien souvent aussi il l'avait vue se répandre, par les temps brumeux, sur toute l'étendue que ses regards pouvaient embrasser. Mais il ne lui venait nullement à l'esprit que l'air, les vapeurs, les poussières devaient refléter ou tamiser la lumière du soleil. La science de l'auteur de la Genèse n'a donc rien de commun avec la science humaine actuelle ; mais elle n'en est pas, pour cela, plus divine.

« 14. Dieu dit aussi : Que des corps lumineux soient faits dans le firmament, afin qu'ils séparent le jour d'avec la nuit, et qu'ils servent de signes pour marquer les temps et les saisons, les jours et les années. »

« 15. Qu'ils luisent dans le firmament, et qu'ils éclairent la terre. Et cela se fit ainsi. »

« 16. Dieu fit donc deux grands corps lumineux, l'un plus grand pour présider au jour, et l'autre moindre pour présider à la nuit ; il fit aussi les étoiles. »

« 17. Et il les mit dans le firmament pour luire sur la terre. »

« 18. Pour présider au jour et à la nuit, et pour séparer la lumière d'avec les ténèbres. Et Dieu vit que cela était bon. »

« 19. Et du soir et du matin se fit le quatrième jour. »

Voilà donc le soleil et la lune créés au quatrième jour. Alors, qu'est-ce que cette lumière qui apparaît dès le premier jour de la Création ? Ce n'est certainement pas la lumière du crépuscule du matin ou du soir, le crépuscule ne se manifestant, pour le degré de latitude sous lequel vivait Moïse, qu'une heure trente huit minutes au plus avant le lever du soleil et ne durant aussi que ce même espace de temps après le coucher, tandis que, dans le récit de la Genèse, la lumière est créée trois jours avant le soleil. Il faut reconnaître que Moïse a été, encore cette fois, bien mal inspiré, et nous ne voyons pas, jusqu'à présent, que la révélation divine lui ait enseigné quelque vérité que la science puisse enregistrer, soit dans l'ordre du vrai intellectuel, soit dans l'ordre du vrai moral.

Voici, maintenant, ce que dit la Genèse en ce qui concerne l'apparition de la vie du règne animal sur notre globe.

« 20. Dieu dit encore : Que les eaux produisent des animaux vivants qui nagent dans l'eau, et que des oiseaux volent sur la terre sous le firmament. »

« 21. Dieu créa donc les grands poissons, et tous les animaux qui ont la vie et le mouvement, que les eaux produisirent chacun selon son espèce, et il créa aussi tous les oiseaux selon leur espèce. Il vit que cela était bon. »

« 22. Et il les bénit en disant : Croissez et multipliez-vous et remplissez les eaux de la mer, et que les oiseaux se multiplient sur la terre. »

« 23. Et du soir et du matin se fit le cinquième jour. »

Est-ce bien en créant d'abord les grands poissons que le Créateur fit apparaître la vie animale sur notre globe ? La vie dans le règne animal, comme dans le règne végétal, n'a-t-elle pas plutôt commencé et continué à se manifester en procédant du simple au complexe ? N'a-t-elle pas produit les germes avant de produire et de faire fructifier les plantes ? N'a-t-elle pas animé les protozoaires avant de donner la forme et le mouvement à tous les êtres dont les diverses espèces se succèdent, de plus en plus différenciées, et constituent l'échelle organique, en partant du degré inférieur occupé par le *bathybius* ou *l'amibe*, pour arriver progressivement jusqu'au degré supérieur qu'occupe l'homme ? C'est en effet dans ce sens que la science actuelle est parvenue à résoudre le grave problème de l'évolution de la vie, et c'est pour cela même que se trouve, aujourd'hui, renversée de fond en comble la théorie de la Genèse.

« 24. Dieu dit aussi : Que la terre produise des animaux vivants et chacun selon son espèce, les animaux domestiques, les reptiles et les bêtes sauvages de la terre selon leur différentes espèces. Et cela se fit ainsi. »

« 25. Dieu fit donc les bêtes sauvages de la terre selon leurs espèces, les animaux domestiques et tous les reptiles, chacun selon son espèce. Et Dieu vit que cela était bon. »

« 26. Il dit ensuite : Faisons l'homme à notre image et à notre ressemblance, et qu'il commande aux poissons de la mer, aux oiseaux du ciel, aux bêtes, à toute la terre, et à tous les reptiles qui se meuvent sur la terre. »

« 27. Dieu créa l'homme à son image ; il le créa à l'image de Dieu, et il les créa mâle et femelle. »

« 28. Dieu les bénit il leur dit : Croissez et multipliez-vous ; remplissez la terre, et vous l'assujétissez, et dominez sur les poissons de la mer, sur les oiseaux du ciel, et sur tous les animaux qui se meuvent sur la terre. »

« 29. Dieu dit encore : Je vous ai donné toutes les herbes qui portent leur graine sur la terre, et tous les arbres qui renferment en eux-mêmes leur semence, chacun selon son espèce, afin qu'ils vous servent de nourriture. »

« 30. Et à tous les animaux de la terre, à tous les oiseaux du ciel, à tout ce qui se meut sur la terre, et qui est vivant et animé, afin qu'ils aient de quoi se nourrir. Et cela se fit ainsi. »

« 31. Dieu vit toutes les choses qu'il avait faites; et elles étaient très bonnes. Et du soir et du matin se fit le sixième jour. »

Les versets 24 et 25 sont la preuve évidente que l'auteur de la Genèse ne s'est nullement préoccupé de l'ordre progressif dans lequel a dù certainement s'accomplir la création des êtres du règne animal. Il est vrai que Moïse a bien reconnu, à l'aide du simple bon sens, que l'espèce humaine devait être la dernière œuvre du Créateur, parce qu'il fallait que cette espèce, dès son apparition sur la terre, pût trouver autour d'elle tout ce qui était nécessaire à son existence ; mais, si le narrateur biblique nous représente Dieu créant les animaux avant l'homme, il commet une grave erreur, lorsqu'il nous le représente aussi créant les reptiles après les animaux sauvages et les animaux domestiques. Peut-être, en rapprochant la création des reptiles de celle de l'homme, voulait-il préparer la mise en scène de la tentation à laquelle doit succomber Ève, séduite par le serpent, et, peut-être aussi, a-t-il voulu dire par le terme animaux

domestiques : les animaux destinés à la domesti-
cation, l'homme, appelé à les domestiquer, n'étant
pas encore créé.

Mais dans tout ce qui compose, jusqu'à présent,
le récit de la Génèse nous ne voyons pas la moindre trace de la révélation divine, nous ne découvrons
pas un seul axiôme du vrai moral absolu qui, cependant, à toujours été, certainement, la condition
nécessaire, sinon l'essence même de l'ordre universel. Ce vrai que nous cherchons, le trouverons-
nous, en poursuivant notre analyse, dans les versets qui concernent la création de l'homme ?

Le premier de ces versets, c'est-à-dire le verset
26, prête au Créateur ces paroles : Faisons l'homme
à notre image et à notre ressemblance. Et le verset 27 y ajoute celles que trace la main de l'auteur
pour constater cette création de l'homme : Dieu
créa donc l'homme à son image, il le créa à l'image
de Dieu, et il les créa mâle et femelle. Il est évident qu'il s'agit là de la création de l'homme considéré dans son espèce et non du premier homme
considéré dans son individualité. Le verset 28
montre bien d'ailleurs par les paroles suivantes que
c'est de l'espèce humaine qu'il est question : Et
Dieu les bénit et leur dit : Croissez et multipliez,
et remplissez la terre, et l'assujétissez, et dominez
sur les poissons de la mer et sur les oiseaux des
cieux et sur toute bête qui se meut sur la terre.

Puis ce premier chapitre se termine par ces mots :
Et Dieu vit que tout ce qu'il avait fait était très
bon. Ainsi fut le soir, ainsi fut le matin ; ce fut le
sixième jour.

Le second chapitre, pour compléter ou expliquer
ce qui vient d'être dit, débute par ces trois versets :

« (1) Les cieux et la terre furent achevés et
toute leur armée. »

« (2) Et Dieu eut achevé au septième jour
l'œuvre qu'il avait faite ; et il se reposa au septième jour de toute l'œuvre qu'il avait faite. »

« (3) Et Dieu bénit le septième jour, parce qu'en
ce jour là, il s'était reposé de toute l'œuvre qu'il
avait créée pour être faite. »

Laissant à d'autres que nous le soin de critiquer
la forme plus que bizarre du récit de la Genèse,
forme qui ne peut nous donner une haute idée du
langage divin dicté à Moïse, nous réservons notre
attention à l'analyse du système attribué à Dieu
dans l'accomplissement de son œuvre créatrice.

Or, si l'on reconnaît avec nous que Dieu est, in-
dubitablement, l'Etre Absolu, on conviendra qu'il
n'est pas admissible que cet être ne remplisse pas
de sa substance et de sa durée l'espace et le temps
sans bornes. Il n'est absolu en effet que parce qu'il
est l'ensemble de tout ce qui existe, c'est-à-dire
l'Etre Universel. Admettre que quelque chose
puisse exister en dehors de lui, ce serait lui refuser
ce qui caractérise ou plutôt ce qui doit constituer

l'absolu, ce serait faire-de-cet être et de cette chose deux relatifs, deux ensembles substantiels, deux êtres limités l'un par l'autre dans leur étendue. Il ne peut donc exister dans la totalité de l'espace et du temps sans bornes qu'un seul Etre Absolu ; c'est celui qui est le Tout.

Créer pendant six jours et se reposer, c'est changer de manière d'être en passant de l'activité au repos ; créer le ciel et la terre d'abord, puis le soleil, la lune et les étoiles, et, en dernier lieu, les plantes, les animaux et l'homme, c'est changer de manière d'agir à chaque création nouvelle, c'est conformer son activité aux diverses conditions de chaque objet à créer, c'est en somme entreprendre une série d'actions limitées et relatives ; par conséquent, ce n'est pas là l'œuvre de l'Etre Absolu, de cet être éternellement immuable qui agit toujours universellement dans la pleine indépendance de sa volonté et de sa puissance ; mais l'œuvre d'un être relatif qui ne sait qu'obéir soit aux caprices de sa nature, soit aux circonstances qui motivent ou limitent son action.

Le Créateur, tel que nous le dépeint la Genèse, n'est certainement qu'un être relatif. Moïse, loin d'être parvenu à nous donner une idée vraie de l'Etre Absolu, n'a réussi, c'est le cas de le dire, qu'à se créer un dieu à son image : il l'a fait accessible à la fatigue et au besoin de repos, après l'avoir fait successivement inactif et agissant ; dans cer-

tains passages de son récit, il le représente accessible au regret, au repentir, à la jalousie, à la colère,
à la cruauté et même à l'injustice. Il a donc fait
de Dieu un être relatif, c'est-à-dire un être dépendant de l'Etre Absolu, tout relatif dépendant
toujours nécessairement d'un absolu. Donc, le dieu
de Moïse n'est pas Dieu.

La doctrine de la Genèse est devenue la doctrine
de l'Eglise qui affirme alors que la Création est
l'acte par lequel la puissance divine, sans le secours
d'aucune matière préexistante, a produit l'univers
matériel et tout ce qu'il renferme d'activité.
Cette définition implique donc que Dieu est la cause
première de la Nature, qu'elle est distincte de lui
et de ses attributs ; qu'elle est en réalité son œuvre, sans le concours d'aucun autre principe.

Accepter cette doctrine, c'est admettre non seulement que l'œuvre du Créateur s'est accomplie
dans l'espace de six jours et qu'il s'est reposé le
septième jour ; mais aussi que la Nature a été
créée de rien. Nous venons de reconnaître que la
Genèse en fixant cette limite de six jours à la durée de la Création, a du même coup retiré à l'œuvre
de Dieu sa qualité d'acte absolu dans sa durée et
en a fait un acte limité, un acte relatif. Or, c'est
là ce que l'Eglise, pour ne pas condamner cette
limitation, imposée par le récit biblique, s'efforce
d'expliquer en disant que Dieu est quand même

l'éternel créateur, parce que son éternité lui permet de considérer chaque moment de la durée sans fin comme présent et non comme passe ou comme futur. En d'autres termes, pour Dieu il n'y a ni siècles écoulés ni siècles à venir; mais un éternel présent. Voici, en ce qui concerne cette question ce que dit l'éminent docteur en théologie Maret : « Quand on demande ce que faisait Dieu avant la création ; quand on affirme que la création a porté un changement dans l'essence divine, on oublie que le mode d'être de Dieu est l'éternité et l'immutabilité, et que, pour Dieu, il n'y a ni *avant*, ni *après*, ni *succession*. L'éternité est un *présent éternel*; Dieu, par une seule et éternelle vue, embrasse l'universalité et la succession des êtres et de leurs rapports. L'acte divin est éternel, immuable, infini, comme la substance divine elle-même ; et, dans ce sens, on peut dire, avec Fénelon, que Dieu est éternellement créant ; mais la création, résultat de l'action divine, n'est pas éternelle, et tous les rapports du passé, du présent, du futur, existent entre les créatures et par elles. » Qu'avons nous à objecter à cela ? Rien, car de tout ce qui vient d'être affirmé par l'éminent théologien il n'est pas un mot que n'approuve entièrement la doctrine panthéiste qui reconnaît que Dieu est éternellement créateur. Mais que devient alors le repos du septième jour ? Ce jour là, Dieu n'a pas créé, puisqu'il l'a choisi comme jour de repos, après l'achèvement de son œuvre. L'action divine a donc été limitée par ce jour de repos, comme elle a été limitée par le temps qui a précédé le moment où elle a commencé à s'accomplir. Elle est alors relative et non absolue. Par conséquent, le dieu de Moïse n'est pas un éternel créateur.

Est-ce que Mgr Maret aurait répliqué à cela par cette plaisanterie : Détrompez-vous ; Dieu n'a pas cessé de créer, puisqu'il a créé le repos du septième jour, comme il a créé le temps antérieur au premier jour de son action ? Si cet éminent théologien a cru devoir attribuer au temps une telle réalité objective, nous pouvons faire observer qu'il a commis là une grosse erreur, et qu'il est retombé dans cette même erreur, lorsqu'il a écrit ceci : *Dieu a fait commencer le temps, quand il lui a plu.* Ni le temps, ni l'espace n'ont la moindre réalité objective ; ils n'ont ni commencement, ni fin ; comme Dieu même ils sont éternels, et il n'a jamais eu à les créer. Personne ne peut nier que cela soit élémentaire.

Nous nous trouvons d'accord avec la théologie en ce qui concerne le principe de l'éternelle création ; mais nous devons ajouter que notre manière de voir ne concorde plus avec celle des théologiens ni en ce qui concerne la singulière application qu'ils font de ce principe, ni en ce qui concerne l'existence de la matière universelle. L'Eglise affirme que toute substance matérielle a été créée

de rien, en d'autres termes, que la matière n'existait pas avant les six jours de la Genèse, et que
c'est Dieu qui, par l'effet de sa toute-puissance,
lui a donné la réalité objective dans l'espace infini
que remplissait seule, alors, son essence divine.
Le Panthéisme, au contraire, en s'appuyant sur la
plus forte probabilité logique, croit pouvoir affirmer
l'existence éternelle de la matière universelle qui,
si limitée qu'elle soit dans chacune des innombrables variétés partitives ou collectives dont elle est
composée, est cependant illimitée dans la totalité
de son étendue et, par son unité harmonique,
constitue la substance corporelle de l'Etre Absolu.
Unité dans la variété, variété dans l'unité, disait
Platon, pour définir l'harmonie ; c'est ce que dit
aussi le Panthéisme, en considérant l'universalité
des choses comme un seul tout.

Or, la science parvenue au développement actuel,
n'a jamais admis comme vrai le dogme de la création *ex nihilo*, préconisé par la religion, ce dogme
qui affirme que la matière universelle a été créée
de rien. Pour l'intelligence la plus éclairée, créer :
ce n'est pas faire de rien une chose ou un être
quelconque, c'est faire ce qui n'existait pas,
quelle que soit la source à laquelle seront puisés
les éléments de composition ou d'action qui doivent servir à l'accomplissement de l'œuvre à réaliser ; c'est combiner des éléments substantiels ou
virtuels, des éléments de matière ou de force,

c'est donner une forme ou un mouvement à un corps, c'est concevoir ou exprimer une pensée ; c'est toujours, non pas faire naître de rien, mais transformer une chose quelconque ; en un mot, agir c'est créer.

Dans l'ensemble universel, il n'y a jamais eu et il n'y aura jamais que des transformations constantes et non une ou plusieurs créations *ex nihilo*, parce que l'Etre Absolu est éternellement immuable, sous le rapport de sa manière d'agir dans les innombrables et incessantes modifications qu'il fait subir à tout ce qui est en lui, comme il est éternellement immuable sous le rapport de la quantité totale de sa substance qui n'est susceptible ni d'augmentation, ni de diminution, en elle rien ne s'ajoutant, rien ne s'anéantissant.

Le Dieu de la théologie de l'Eglise est bien celui de la Genèse ; il n'est pas le nôtre : comme la Genèse, la théologie ne parvient à faire de l'Etre Suprême qu'un être relatif ; le Panthéisme, seul, arrive à une conception juste de l'Etre Absolu, le seul Dieu que la saine raison puisse concevoir en le considérant comme l'ensemble de tout ce qui est relatif.

Voyons maintenant ce que disent les chapitres II et III de ce premier livre du Pentateuque, chapitres dans lesquels l'Eglise trouve en principe le dogme du Péché originel.

Chap. II, v. 7. — Or, l'Eternel Dieu avait formé l'homme de la poudre de la terre, et il avait soufflé dans ses narines une respiration de vie ; et l'homme fut fait en âme vivante.

8. — L'Eternel Dieu avait aussi planté un jardin en Eden, du côté de l'orient, et il y avait mis l'homme qu'il avait formé.

9. — Et l'Eternel Dieu avait fait germer de la terre tout arbre désirable à la vue, et bon à manger et l'arbre de vie au milieu du jardin, et l'arbre de la connaissance du bien et du mal.

15. — L'Eternel Dieu prit donc l'homme et le plaça dans le jardin d'Eden, pour le cultiver et pour le garder.

16. — Puis l'Eternel Dieu commanda à l'homme disant : Tu mangeras librement de tout arbre du jardin.

17. — Toutefois, pour ce qui est de l'arbre de la science du bien et du mal, tu n'en mangeras point ; car au jour que tu en mangeras tu mourras de mort.

18. — Or, l'Eternel Dieu avait dit : Il n'est pas bon que l'homme soit seul, je lui ferai une aide semblable à lui.

22. — Et l'Eternel Dieu forma une femme de la côte qu'il avait prise d'Adam et la fit venir vers Adam.

Chap. III, v. 1. — Or, le serpent était le plus fin de tous les animaux que l'Eternel Dieu avait

faits; et il dit à la femme : Quoi ! Dieu aurait-il dit :
Vous ne mangerez point de tout arbre du jardin?

2. — Et la femme répondit au serpent : Nous
mangeons du fruit des arbres du jardin.

3. — Mais quant au fruit de l'arbre qui est
au milieu du jardin, Dieu a dit : Vous n'en mangerez point, et vous ne le toucherez point de peur
que vous ne mouriez.

4. — Alors le serpent dit à la femme : Vous
ne mourrez nullement.

5. — Mais Dieu sait qu'au jour que vous en mangerez, vos yeux seront ouverts, et vous serez
comme des dieux, connaissant le bien et le mal.

Nous sommes toujours à la recherche du vrai
moral absolu qui, étant la loi de l'esprit de la
nature, doit déterminer le vrai moral qui nous est
relatif, et nous nous trouvons subitement en présence de l'interdiction formelle d'acquérir la moindre connaissance de ce vrai si précieux, interdiction imposée par Dieu à nos premiers parents,
d'abord, mais devant, sans doute, rejaillir sur
leur descendance. Qu'est-ce, en effet, que la connaissance du bien et du mal, si ce n'est la notion
précise du vrai moral? Or, supprimer cette connaissance, c'est supprimer l'objet spéculatif de la
raison. Et, alors, pourquoi Dieu nous aurait-il
donné la raison? Dira-t-on que c'est pour nous
éprouver, pour nous exposer à la tentation de lui
désobéir en touchant à l'arbre de la science du

bien et du mal ? Dieu, qui connaît tout, a-t-il donc
à faire sur nous une telle expérience ? Il nous semble cependant que l'on ne doit pas avoir à éprouver, à soumettre à une épreuve quelconque une
chose ou un être que l'on connaît parfaitement.
Affirmer que Dieu ait besoin d'éprouver ses créatures, c'est évidemment le comble de l'absurde.
Non, Dieu n'a pas à nous éprouver, parce qu'il
nous connaît mieux que nous ne pourrons jamais
nous connaître nous-mêmes.

Arrivons maintenant aux versets dans lesquels
l'Eglise prétend trouver en principe le dogme du
Péché originel.

6. — La femme donc voyant que le fruit de
l'arbre était bon à manger et qu'il était agréable
à la vue, et que cet arbre était désirable pour
donner de la science, en prit du fruit et en mangea, et en donna à son mari, qui était avec elle,
et il en mangea.

7. — Et les yeux de tous deux furent ouverts ;
et ils connurent qu'ils étaient nus ; et ils cousirent
ensemble des feuilles de figuier, et ils s'en firent
des ceintures.

8. — Alors ils entendirent, au vent du jour, la
voix de l'Eternel Dieu, qui se promenait par le
jardin. Et Adam et sa femme se cachèrent de
devant la face de l'Eternel Dieu, parmi les arbres
du jardin.

9. — Mais l'Eternel Dieu appela Adam, et lui dit : Où es-tu ?

10. — Et il répondit : J'ai entendu ta voix dans le jardin, et j'ai craint, parce que j'étais nu ; et je me suis caché.

11. — Et Dieu dit : Qui t'a montré que tu étais nu ? N'as-tu pas mangé de l'arbre duquel je t'avais défendu de manger ?

12. — Et Adam répondit : La femme, que tu m'as donnée pour être avec moi, m'a donné du fruit de l'arbre, et j'en ai mangé.

13. — Et l'Eternel Dieu dit à la femme : Pourquoi as-tu fait cela ? Et la femme répondit : Le serpent m'a séduite et j'en ai mangé.

14. — Alors l'Eternel Dieu dit au serpent : Parce que tu as fait cela, tu seras maudit entre tous les animaux et entre toutes les bêtes des champs ; tu marcheras sur ton ventre, et tu mangeras la poussière tous les jours de ta vie.

15. — Et je mettrai de l'inimitié entre toi et la femme ; entre ta postérité et la postérité de la femme ; cette postérité t'écrasera la tête et tu la blesseras au talon.

16. — Et il dit à la femme : J'augmenterai beaucoup ton travail et ta grossesse, et tu enfanteras en travail les enfants ; tes désirs se rapporteront à ton mari, et il dominera sur toi.

17. — Puis il dit à Adam : Parce que tu as obéi à la parole de ta femme, et que tu as mangé

de l'arbre duquel je t'avais dit : Tu n'en mangeras point, la terre sera maudite à cause de toi ; tu en mangeras en travail tous les jours de ta vie.

18. — Et elle te produira des épines et des chardons ; et tu mangeras l'herbe des champs.

19. — Tu mangeras le pain à la sueur de ton visage, jusqu'à ce que tu retournes en la terre d'où tu as été pris ; car tu es poussière et tu retourneras en poussière.

20. — Et Adam appela sa femme Ève, parce qu'elle était la mère de tous les vivants.

21. — Et l'Eternel Dieu fit à Adam et à sa femme des robes de peaux, et les en revêtit.

22. — Et l'Eternel Dieu dit : Voici, l'homme est devenu comme l'un de nous, sachant le bien et le mal. Mais maintenant il faut prendre garde qu'il n'avance sa main, et ne prenne aussi de l'arbre de vie, et qu'il n'en mange et ne vive à toujours.

23. — Et l'Eternel Dieu le fit sortir du jardin d'Eden, pour labourer la terre d'où il avait été pris.

24. — Ainsi il chassa l'homme, et il logea des Chérubins vers l'Orient du jardin d'Eden, avec une lame d'épée de feu, qui se tournait çà et là pour garder le chemin de l'arbre de vie.

Quelle que soit l'opinion que l'on adopte en ce qui concerne le péché originel, on reconnaît d'un commun accord que le dogme qui établit la rever-

sibilité de la faute du premier couple humain sur
sa postérité n'est nullement formulé dans ce troisième chapitre de la Genèse. Nous ne trouvons,
en effet, dans ce troisième chapitre, que la narra-
tion du fait de désobéissance dont le premier
homme et la première femme se sont rendus coupables envers le Créateur qui leur avait défendu
de toucher à l'arbre de la science du bien et du
mal et de manger de son fruit ; mais nous n'y
trouvons aucune affirmation de la réversibilité que
l'Eglise attribue à la première faute commise. Il
est vrai que les souffrances de la vie et, en fin de
compte, la mort à laquelle ces souffrances devaient
aboutir, ayant été, suivant la Genèse, infligées au
premier homme et à sa femme en punition de leur
désobéissance, pourraient être considérées comme
réversibles sur leur postérité et que, par suite de
cela, on serait en droit de conclure que la faute
elle-même est aussi réversible sur cette postérité.
Mais la Genèse ne dit rien de la réversibilité de
cette faute et c'est uniquement l'Eglise qui a décrété ce dogme, en rendant toute l'espèce humaine
responsable de la désobéissance et, par conséquent, passible du châtiment qu'elle entraîne. Or,
qu'y a-t-il de plus contraire à tout esprit de justice
qu'un tel dogme ; n'est-il pas de la plus criante
iniquité de faire peser la responsabilité d'une faute
sur ceux qui n'y ont nullement participé ? Cependant, l'Eglise n'a pas voulu voir dans cette objec-

tion un obstacle insurmontable ; elle y a répondu
en prétendant que la faute commise par le premier
couple humain n'a pas été seulement la faute des
deux premiers représentants de l'humanité, mais
bien la faute de l'humanité tout entière, et que la
culpabilité étant générale, le châtiment doit l'être
également.

Nous avons vu comment Mgr Maret, l'éminent
théologien, entend l'éternelle création ; nous voyons
maintenant comment l'Eglise entend la réversibilité de la première faute et du châtiment qui en a
été la conséquence. L'objection que nous venons d'é-
mettre n'est plus un obstacle ; cet obstacle, on l'a
franchi à pieds joints, sans y toucher ; et il n'en
est plus question, quoique l'objection n'ait rien
perdu de sa force, objection que les arguties les
plus habiles n'arriveront jamais à détruire. Lorsqu'il s'est agi de la création limitée dans les six
jours de la Genèse, la théologie, pour faire de
Dieu le créateur éternel, a synthétisé en un seul
tout l'action et l'inaction divines, elle a fait, comme
l'école hégélienne, la synthèse de la thèse et de
l'antithèse ; elle a tendu la main à Hegel qui pro-
clame l'identité de l'être et du non être. Lorsqu'il
s'est agi d'établir la reversibilité de la première
faute et du premier châtiment, l'Eglise a opéré de
la même manière : elle a proclamé l'identité des
coupables et des non coupables, en faisant la synthèse de cette thèse et de cette antithèse, non pas

dans le sens de la raison directe de la non culpabilité, mais dans le sens de la raison directe de la
culpabilité : elle a vu la paille qui était dans l'œil
de son adversaire, sans voir la poutre qui était
dans le sien. Pourquoi donc le P. Gratry s'est-il
tant escrimé contre la théorie hégélienne de l'identité de l'être et du non être ? [1]

Suivant la doctrine panthéiste, l'être et le non
être, c'est-à-dire les contraires, sont parties cons-
tituantes du Grand Tout, et, quoiqu'opposés l'un
à l'autre, lorsqu'on les considère au point de vue
abstrait, sont identiques avec ce Grand Tout, si
on les considère au point de vue concret. Pour en
donner un exemple : qu'il s'agisse des deux mouvements contraires qui s'appellent l'assimilation et
la désassimilation [2], on reconnaîtra que ces deux
mouvements, quoiqu'opposés, sont également réels,
comme ils sont également nécessaires à la vie, et
qu'il y a identité entre ces deux mouvements et la
vie, identité relative, au point de vue abstrait de
leur réalité ou de leur nécessité, identité absolue,

---

1. P. Gratry : *Logique*, pp. 256 à 322.
2. L'assimilation et la désassimilation sont les deux phénomènes fondamentaux de la vie. Par l'assimilation tout organisme,
pour vivre, absorbe les substances nutritives nécessaires à son
organisation et les transforme en sa propre substance. La désassimilation, au contraire, fait passer à l'état de résidus les
substances qui, ayant servi à l'organisation, ne continuent plus
les principes vivifiants qui les faisaient contribuer et participer
à la vie de l'organisme.

au point de vue concret de leur ensemble qui est la vie. De même que le Tout est la synthèse de la thèse qui s'appelle la matière animée et de l'anti-thèse qui s'appelle la matière inanimée, de même la vie est la synthèse de la thèse assimilation et de l'antithèse désassimilation. Par conséquent, on peut dire qu'il y a identité entre la vie et le Tout, entre le relatif et l'absolu Tout. Voilà comment il y a identité entre ces deux opposés : le relatif et l'absolu, l'absolu étant toujours constitué par l'ensemble de tout ce qui lui est relatif.

Gardons-nous bien de tomber dans l'erreur des sophistes qui prétendent qu'il y a identité entre les contraires considérés sous le point de vue abstrait, tels que l'être et le non être, le jour et la nuit, le fluide positif et le fluide négatif, l'assimilation et la désassimilation, le bien et le mal ; car il ne peut y avoir d'identité qu'entre ces contraires et l'ensemble qu'ils constituent, identité relative, lorsqu'ils sont considérés sous le point de vue abstrait ; identité absolue, lorsqu'ils sont considérés sous le point de vue concret. Le jour ou la nuit est identique, relativement, avec l'espace de vingt-quatre heures, appelé jour civil ou jour astrono-mique ; le jour et la nuit, compris dans leur ensem-ble, sont identiques, absolument, avec ce même espace. Ce raisonnement doit s'appliquer aussi aux autres couples de contraires que nous venons de citer : mais ne tombons pas dans l'absurde en disant que dans chacun de ces couples les deux contraires sont identiques.

Nous ne pourrions trop savoir gré au P. Gratry d'avoir combattu comme il l'a fait, l'erreur hégélienne ; il l'a fait, dans le but de détruire le système panthéiste ; et le panthéisme sort plus vivant que jamais de l'assaut auquel il vient de résister. En l'accusant de partager avec Hégel l'erreur qui lui fait dire : L'Etre et le Néant sont même chose, ou encore : La lumière pure, c'est la nuit pure, le P. Gratry s'est étrangement trompé ; le panthéisme bien loin de tomber dans l'absurdité du sophisme hégélien, se félicite d'en être maintenant débarrassé, grâce à la logique de ce savant prêtre de l'Oratoire. C'est là le plus grand service qu'il pouvait nous rendre et pour lequel nous ne saurions lui garder trop de reconnaissance.

Nous triomphons donc en affirmant qu'il y a identité, non pas entre les contraires, considérés par abstraction, mais entre les contraires et le tout dont ils sont les éléments constitutifs. Sans l'existence des contraires, il n'y aurait ni mouvement, ni résistance ; il n'y aurait même pas de corps différant les uns des autres, et, si la matière existait cependant, ce ne serait, sans doute, qu'une substance unique répandue également, à l'état diffus, dans toute l'étendue de l'espace sans bornes. Cette substance serait probablement celle que l'on admet devoir exister dans toutes les parties de l'es-

pace et que l'on est convenu d'appeler : l'Ether.
Alors la seule réalité universelle serait la réalité
constante de cette substance amorphe, incolore et
immobile. Mais une telle réalité serait absurde.
Car pourquoi existerait-elle, puisqu'elle n'aurait
pas de raison d'être ? Disons donc plutôt : Sans les
contraires rien n'existerait.

Or, tout ce qui existe doit exister nécessairement.
Considéré sous le point de vue synthétique, nous
l'avons déjà dit, le Tout, c'est l'Etre Absolu, l'Etre
Parfait ; considéré sous le point de vue analytique,
c'est l'ensemble de tout ce qui est relatif, par conséquent, de tout ce qui est imparfait. Dans le parfait seul réside le bien absolu ; dans l'imparfait
seul réside le mal, toujours relatif, parce que l'imparfait ne peut être absolu. Les contraires sont
donc dans le Tout, et c'est dans leur conflit que
consiste le mouvement de toutes choses, la vie universelle.

Que doit-on conclure de tout cela ? C'est que
l'Etre parfait, n'ayant pas à changer de manière
d'être, restera éternellement immuable dans sa
manière d'agir par l'accomplissement de sa loi générale d'involution et d'évolution qui est l'expression de sa raison et de sa volonté, tandis que tous
les êtres imparfaits, ayant constammant à changer
de manière d'être, seront en voie de progrès, s'ils
se conforment à cette loi, ou seront en voie de
décadence s'il leur arrive de l'enfreindre.

Qu'est-ce donc que l'involution ; et qu'est-ce que l'évolution ? Comme le signifie l'étymologie latine de chacun de ces deux mots : *involutio* et *evolutio*, le premier veut dire : enveloppement, et le second : développement.

En quoi ces deux mouvements d'involution et d'évolution consistent-ils ?

Ces deux mouvements représentent les deux phases de l'action générale qu'accomplit l'Etre Absolu. Par l'involution cet Etre suprême enveloppe dans les divers atômes de sa substance corporelle, c'est-à-dire de la matière universelle, les forces dont il est l'unique principe et qui doivent, suivant les circonstances, ou associer ces atômes dans la composition des molécules des corps en formation, ou les dissocier dans la décomposition des molécules des corps en dissolution, qu'il s'agisse du plus grand des corps planétaires ou du plus minime grain de poussière. Passant ensuite à la phase d'évolution, cet Etre suprême fait éclore les germes, dans lesquels l'involution a renfermé le principe vital, forme les organismes, les anime et les conduit par la voie de leur développement spécial, jusqu'au but qu'il leur assigne, soit dans le règne végétal, soit dans le règne animal dont l'homme est sur notre globe la plus haute expression.

Les deux opposés sont donc toujours en présence l'un de l'autr   l'involution, chez l'Etre

Universel, étant ce qu'est la désassimilation chez les êtres partitifs du règne organique et l'évolution ce qu'est l'assimilation.

Il n'y a pas d'harmonie sans analogie ; et l'on peut dire alors qu'il y a frappante analogie entre la vie de l'Etre Universel et la vie des êtres partitifs qui sont en lui. Ensemble harmonique parfait, le Tout est bien l'être par excellence, il sent, veut et agit à la fois éternellement et universellement, sans s'écarter jamais de la perfection qui le caractérise, tandis que le mal, toujours relatif, puisqu'il ne peut être absolu, n'a pas d'effet sur lui et n'atteint que l'être partitif qui, seul, en souffre ou s'en rend coupable, par suite de son imperfection.

L'imperfection, voilà notre tache originelle, la tache commune à tous les hommes, tache qui ne peut être lavée que par la perfection vers laquelle la raison s'efforce de nous conduire, et que chacun de nous ne doit atteindre qu'après avoir passé, au moyen de réincarnations successives et progressives, par tous les degrés de la longue série ascendante d'existences qui, partant de l'être le plus infime, aboutit à l'Etre Parfait, à l'Etre Absolu, série dont chaque degré représente chaque réincarnation, chaque existence individuelle. Tous, nous devons passer par les mêmes degrés, pour arriver au même but ; sans quoi, la justice immanente ne serait qu'un vain mot, puisqu'elle ne

serait pas égale pour tous, si, dans la multitude
des êtres conscients, un certain nombre était, de
toute éternité, destiné, par un caprice divin, à
d'incomparables jouissances et un plus grand nombre condamné à des souffrances sans fin. Il n'y a
parfaite justice chez l'Etre qui veut tout ce qui
s'accomplit que s'il y a, de sa part, égale dispen-
sation du bien et du mal, pour qu'il ait, de la part
des êtres conscients, l'action voulue déterminant
la compensation de l'un par l'autre de ces deux
opposés. Or, c'est là ce qui se produit dans
l'ensemble de la vie universelle; car, en effet,
la somme du bien y compense exactement la somme
du mal. Une telle affirmation paraîtra, sans doute,
paradoxale. Mais que l'on veuille bien prêter une
suffisante attention à notre théorie de l'évolution
du principe vital, et l'on ne tardera pas à reconnaître la vérité de ce que nous affirmons.

Tout ce que nous pouvons savoir du principe
vital, c'est qu'il faut le considérer comme la force
qui organise et qui anime ; mais, s'il ne nous est
pas donné d'en connaître l'essence, nous arrivons
cependant à en connaître la loi, le mode d'action,
nous parvenons à comprendre comment et pourquoi il évolue, comment et pourquoi il progresse ;
car évoluer, c'est progresser. Apporté par l'involution à la suite de toutes les autres forces physiques de la nature, forces dont il est, avec évidence,

le complément nécessaire, le principe vital forme
et vivifie tous les organismes en établissant successivement tous les degrés de l'échelle animée, et
en suivant une progression ascendante qui part de
l'être le moins différencié de structure, pour monter jusqu'à l'être le plus différencié, c'est-à-dire
du végétal le plus simple jusqu'au plus complexe
des partitifs vivants, jusqu'à l'homme parfait autant que possible.

Si, par abstraction, nous parvenons à nous faire
une idée juste de l'évolution complète du principe
vital passant par tous les degrés de l'échelle organique, nous admettrons logiquement que c'est au
plus bas de ces degrés que doit résider la plus
infime imperfection, par conséquent, le plus grand
mal, et au plus haut de ces mêmes degrés que
résidera la suprême perfection, par conséquent, le
plus grand bien. Le plus grand mal et le plus grand
bien seront donc les deux extrêmes opposés entre
lesquels s'effectuera l'évolution du principe vital.

Représentons le plus bas des degrés de l'échelle
organique par le plus simple des végétaux : que
ce soit, par exemple, non seulement le plus informe,
mais aussi le plus nuisible ou le plus vénéneux.
Représentons ensuite le plus haut de ces degrés
par l'homme à la fois le mieux doué physiquement,
intellectuellement et moralement; puis supposons
qu'à l'aide d'une classification régulière des espèces vivantes, il soit possible d'établir l'ordre

généalogique de ces espèces. Alors, on arrivera très probablement à penser avec raison que le principe vital, passant successivement par tous les dégrés de l'échelle, en partant du plus bas, pour monter au plus haut, fera naître et progresser par sa force vivifiante chacune des espèces qui, se succédant, de plus en plus différenciées, dans cette généalogie universelle, se rapprocheront de plus en plus de la perfection par leur manière d'être et d'agir, perfection que l'espèce supérieure finira par atteindre.

S'il en est ainsi, et nous ne croyons pas qu'il puisse en être autrement, il y aurait donc synthèse ou compensation complète entre l'antithèse du plus grand mal et la thèse du plus grand bien ; et c'est l'évolution du principe vital qui déterminerait cette synthèse, cette compensation, en constituant le progrès général de la vie universelle, successivement végétative, animale, puis consciente et enfin intellectuelle et morale.

L'analogie, sinon l'identité, est évidente entre cette vie organique universelle dont nous venons de décrire le mouvement progressif dû à l'évolution du principe vital et la vie de l'Etre Absolu qui, pour former les mondes, désassimile ses forces en les enveloppant dans la matière universelle par l'involution et, pour se récupérer de cette dépense, s'assimile les forces que, par son évolution, le principe vital fait éclore et développe chez les êtres qu'il organise et vivifie, pour peupler ces mondes. Si distinctes que soient ces deux manières d'être, on peut dire cependant que chez l'Etre Absolu, l'évolution compense toujours ce que l'involution dépense, de même que, chez les êtres partitifs, l'assimilation tend toujours plus ou moins, suivant l'âge ou les aptitudes, à compenser l'effet de la désassimilation.

Or, il n'importe pas seulement à l'être humain que cette compensation s'effectue sous le rapport physique, il lui importe encore qu'elle s'accomplisse sous le rapport intellectuel et moral, son esprit ayant uniquement comme but celui de s'assimiler l'esprit de la nature. Alors, par cette compensation, l'être humain sera capable de progrès moral constant ; mais son individualité n'aura pu atteindre ce degré et n'atteindra la perfection qu'après avoir traversé toutes les phases, c'est-à-dire toutes les existences qui constituent la longue série des degrés de l'échelle organique, série commençant par l'existence végétative la plus infime et arrivant progressivement, d'abord, à la compensation complète dont nous parlons, puis à l'existence la plus élevée, à l'existence parfaite au sein de l'Absolu. Ce n'est donc que par la voie des réincarnations successives, après l'entière compensation du mal qu'il aura fait par le bien qu'il aura dû faire et après l'accomplissement du bien qu'il devra faire encore que l'être partitif vivant atteindra le but suprême que la nature lui assigne et trouvera dans la plus pure félicité la compensation parfaite de toutes les souffrances qu'il aura eu à endurer dans le long trajet de ses différentes existences.

Compensation entre les contraires, c'est justice : voilà une haute vérité morale que nous ne saurions méconnaître, parce qu'elle est clairement formulée dans toute la nature ; mais, autant qu'il est en notre pouvoir d'opérer cette compensation, appliquons nous à la faire toujours dans le sens de la raison directe du bien et non dans le sens de la raison directe du mal, pour que le bien succède au mal et non le mal au bien ; en d'autres termes, opérons toujours cette synthèse du bien et du mal, en dirigeant l'action du bien, qui est la thèse, contre l'action du mal, qui est l'antithèse. Alors, la somme relative du bien et la somme relative du mal, opposées l'une à l'autre, se trouvant compensées, par conséquent neutralisées, nous n'aurons plus qu'à recueillir le bénéfice de la part du bien absolu qui nous est réservée au sein de l'Absolu même, cette part correspondant à celle de l'action qui, dans la lutte entre ces deux forces opposées, aura triomphé du mal, et ne pouvant être que la juste rémunération de notre mérite.

Pour répondre aux affirmations sur lesquelles l'Eglise fait reposer l'autorité de ses dogmes, affirmations qui ont toujours le grave défaut de se présenter dépourvues de preuves, il nous a fallu entrer dans le long développement du système panthéiste et montrer ce qui nous détermine à le considérer comme le système le plus rationnel, c'est-à-dire comme la Religion du Vrai.

Nous avons suffisamment, il nous semble, réfuté le concept des trois premiers dogmes chrétiens : les dogmes de la Trinité, de la Création et du Péché originel. Il nous reste à dire ce que nous pensons des autres dogmes qui, avec ceux-ci, sont les fondements sur lesquels repose la foi chrétienne.

Or, si nous ne pouvons admettre, logiquement, qu'il y ait en un seul dieu trois personnes distinctes, et si nous devons considérer ces trois prétendues personnes, uniquement, comme les trois attributs de Dieu, c'est-à-dire comme ces trois forces suprêmes, ou principes d'action : le Verbe, la Volonté et la Vie ; le Verbe, représenté par l'Esprit-Saint [1], la Volonté, représentée par le Père et la Vie, représentée par le Fils, certainement, nous ne saurions attribuer à ces trois forces, à ces trois principes d'action, la moindre réalité individuelle. Par conséquent, nous n'avons pas à reconnaître comme vrais ces dogmes qui n'ont pas de raison

---

1. Le mot Verbe vient de l'expression latine Verbum qui veut dire Parole et peut s'appliquer comme son équivalent grec Λογος Logos à l'idée de Raison, ce terme grec ayant à la fois les deux significations de Parole et de Raison. Nous croyons donc pouvoir donner au mot Verbe le sens de Raison qui convient à l'esprit sain par excellence. — *Sana mens excelsa.*

d'être ; la Divinité ou Incarnation de Jésus, la Rédemption, la Réversibilité des mérites du Christ et la Rémission des péchés, ces différents dogmes ne pouvant être des vérités, si les dogmes de la Trinité, de la Création *ex nihilo* et du Péché originel sont des erreurs, comme nous pensons l'avoir assez démontré. Comprenant que ce qui est absolu est immuable, et ne pourrait changer de manière d'être ou d'agir sans perdre sa qualité d'absolu, notre raison ne saurait admettre que l'unique Dieu, l'Etre Absolu, ait jugé nécessaire à un certain moment de la durée sans fin, d'agir relativement en s'incarnant dans le sein d'une vierge pour former un être unique qui serait en même temps Dieu et homme, c'est-à-dire Dieu revêtu de la forme humaine. Evidemment, restreindre sa toute puissance pour se soumettre à la nécessité d'agir relativement ne peut être le fait de l'Etre Absolu. Il n'est pas admissible non plus qu'un si inconcevable phénomène ait été le moyen employé par cet Etre Absolu pour racheter par la reversibilité des mérites de sa double nature d'homme Dieu quelques êtres de notre espèce de la reversibilité du châtiment qui, résultant de la faute du premier couple humain, attendrait toute la postérité de ce couple, par suite de la reversibilité de sa faute même [1].

1. Selon l'Evangile, Jésus serait venu en ce monde uniquement pour le salut de ceux-là seuls que son Père lui a donnés et le petit nombre de ces élus serait fixé de toute éternité.

Certainement, le bien ou le mal physique peut se propager par voie congénitale, les qualités ou les défauts peuvent se transmettre de père en fils, de génération en génération ; parce que ces qualités ou ces défauts tiennent à la conformation organique ; mais les actes, qui sont les manifestations ou les effets de ces qualités et de ces défauts, ne sont nullement réversibles sur les enfants, s'ils sont accomplis par les pères ; et récompenser ou punir les enfants pour les actes de leurs pères sera toujours une flagrante injustice. Cependant notre humanité est généralement disposée à faire, jusqu'à un certain point, rejaillir plutôt l'honneur que l'infamie sur la descendance de celui qui a mérité ou démérité. Certes, une telle disposition est la preuve d'une certaine générosité, c'est là un excès du bien dont nul ne saurait se plaindre. Mais nous ne saurions, pour notre part, concevoir logiquement que la justice divine ait jamais décrété la réversibilité de la faute et du châtiment du premier couple humain sur sa postérité. Il y aurait là une si épouvantable iniquité que Dieu pourrait, alors, avec raison, être considéré comme le plus injuste et le plus cruel des êtres.

Serait-ce donc pour remédier à l'inconséquence commise par l'auteur de la Genèse, lorsqu'il a peint sous d'aussi fausses couleurs la justice divine, que l'Église a cru devoir établir le dogme de la Reversibilité des mérites du Christ ?

Si, maintenant, nous portons notre attention sur la manière dont se serait accompli ce prodigieux phénomène de la Rédemption par la Réversibilité des mérites du Christ, nous nous demandons pourquoi le globe que nous habitons aurait, comme on le prétend, seul bénéficié de cette Rédemption que Jésus a voulu, par le sacrifice de sa vie, obtenir de son père, lorsque des milliards de mondes habités existent dans l'espace sans bornes, et ont dû ou doivent subir, à une certaine époque de leur existence, une condition équivalente à celle qu'aura subie notre monde, comme conséquence du Péché originel. Nous ne parvenons à trouver d'autre réponse à cela que celle-ci : — Ce même bénéfice de la Rédemption a dû ou doit être accordé à ces autres mondes, qui ont dû ou doivent, comme le nôtre, passer par toutes les phases de l'évolution, physique, intellectuelle et morale. Sans cela, il n'y aurait pas de justice absolue, pas de justice égale pour tous. Alors, Jésus aurait eu déjà et aurait encore à remplir dans tous les mondes une mission semblable à celle qu'il a remplie dans le nôtre : ou bien une multitude d'autres Fils de Dieu, nés d'une multitude d'autres Vierges, auraient été chargés de cette même mission dans les innombrables systèmes planétaires qui existent en dehors de celui dans lequel gravite notre globe.

Partout comme ici, dans les autres mondes comme dans le nôtre, il faut que compensation se fasse

parce que, répétons le, compensation, c'est justice,
et parce-que le travail qui s'opère, pour obtenir
cette compensation, cette justice, c'est la vie universelle. Il faut que la jouissance compense la souffrance, que le bien compense le mal ; mais c'est à
celui-là même, qui souffre par sa faute, qu'il appartient de travailler à la réalisation de son bonheur, à celui-là même, qui a fait le mal, qu'il appartient de consacrer au bien tous ses efforts. Voilà
comment doit s'accomplir la Rémission des péchés
ou la Rédemption, parce que l'être imparfait ne
peut parvenir que progressivement à l'état parfait
et non par quelque mouvement de repentir et quelques paroles d'absolution.

En suivant la voie des réincarnations successives
et progressives, tous les êtres partitifs ont à passer par le mal, pour arriver au bien ; tous auront
été mauvais, avant d'être bons, tous auront été
malheureux, avant d'être heureux. D'abord conformés pour le mal, ils l'auront fait, poussés par leurs
mauvais instincts, tant qu'ils auront appartenu aux
espèces inférieures, privées de sensibilité et d'activité intellectuelles ; puis, progressant à chaque
degré de l'échelle organique et entrant en possession de la conscience, de l'intelligence et de la volonté, ils feront encore le mal, en raison de leur
imperfection, en agissant sous l'impulsion prédo-
minante des appétits sensuels, jusqu'à ce que, par-
venus au degré à partir duquel le bien prédomine

sur le mal, ils progresseront, de degré en degré, dans le sentiment et l'accomplissement du vrai moral et arriveront à compenser le mal qu'ils auront fait, dans leurs incarnations antérieures, par le bien qu'ils seront capables de réaliser, dans leurs dernières incarnations, pour entrer en pleine jouissance de la suprême félicité.

S'il en était autrement, disons-le encore une fois, il n'y aurait pas de justice absolue, pas de justice égale pour tous ; il n'y aurait que le caprice divin qui gouvernerait l'ensemble des choses humaines et qui, ayant, de toute éternité, choisi le petit nombre de ceux qui entreraient dans le royaume de Dieu, aurait, de toute éternité aussi, réprouvé le nombre effrayant de ceux qui peupleraient le vaste empire du Démon. Cependant, c'est là ce que veulent les dogmes de la Grâce et de la Prédestination, et c'est là, par conséquent, que se manifeste le principal vice rédhibitoire du système établi par l'Eglise, système injustifiable dans toute la force du terme, la Grâce et la Prédestination ne pouvant être que l'œuvre d'un caprice divin, que l'œuvre d'un Dieu partial, d'un Dieu injuste, d'un Dieu n'ayant rien de commun avec celui que la saine raison considère comme l'Etre Absolu, comme l'éternelle personnification de la Justice même.

On nous dira que, par la Grâce et la Prédestination, Dieu agit toujours d'une manière con-

forme à sa prescience, à sa prévision du mérite ou
du démérite de l'homme, sans s'opposer nullement à l'exercice du libre arbitre qu'il lui a donné.
Or, qu'est-ce que le libre arbitre ? C'est le libre
jugement, la libre pensée. Mais cette faculté de
juger, de penser, ne doit s'appliquer qu'aux choses
susceptibles d'examen et d'analyse, elle n'est limitée que dans ses aptitudes ; elle ne peut être limitée dans le droit qui lui appartient de rechercher
la vérité, quoi qu'en disent, avec saint Paul, tous
les défenseurs du Christianisme qui approuvent
entièrement ces versets de l'Epitre aux Romains :
Ch. IX. — 20. — « Et toi, homme, qui es-tu, pour
contester avec Dieu ? Le vase d'argile dira-t-il à
celui qui l'a formé : Pourquoi m'as-tu fait ainsi ?
— 21. — Un potier n'a-t-il pas le pouvoir de faire
d'une même masse de terre, un vase pour des
usages honorables, et un autre vase pour des
usages vils ? — 22. — Et qu'y a-t-il à dire, si
Dieu, voulant montrer sa colère et faire connaître
sa puissance, a supporté avec une grande patience
les vases de colère, disposés à la perdition ? —
23. — Pour faire connaître les richesses de sa
gloire dans les vases de miséricorde, qu'il a pré-
parés pour la gloire ? » Quelle place trouvera-t-on
à l'exercice du libre arbitre dans cette singulière
parabole ? S'il fallait accepter un tel système, nous
serions des vases d'argile dans la main du potier
qui nous aurait faits, suivant son bon plaisir,

vases de miséricorde ou vases de perdition, et c'est nous qui aurions à recueillir les bénéfices ou à subir les conséquences de son caprice ; c'est sur nous et non sur lui que rejaillierait le mérite ou le démérite de son œuvre. Non seulement saint Paul nous refuse le droit d'interroger l'Auteur de toutes choses, l'Esprit de la Nature, il nous refuse encore le libre arbitre, en nous donnant le plus triste exemple de sa doctrine fataliste.

Nous croyons, pour notre part, à une fatalité rationnelle, à cette fatalité bien évidente qui est la loi de toute cause déterminant un effet quelconque ; mais non à la fatalité qui serait la loi du caprice divin et n'aurait, par conséquent, aucun rapport avec la sagesse de la divine et immuable raison.

Reconnaissons donc que le dogme de la Grâce et de la Prédestination n'est pas autre chose que le dogme fataliste de saint-Paul. Pourquoi, alors, l'Eglise condamne-t-elle le fatalisme, tandis que saint Paul l'admet en principe ? C'est là une inconséquence qu'il faut ajouter à celles, déjà nombreuses, qu'elle a commises, depuis qu'elle existe, en attendant qu'il lui arrive d'en commettre encore dans l'avenir que Dieu lui réserve. Toutes les affirmations qu'elle ne saurait appuyer sur des preuves ou, au moins, sur des probabilités logiques et que, cependant, elle veut nous faire admettre comme des vérités révélées, ne sont-elles pas de

graves inconséquences, et-ne serait-ce pas en commettre une aussi grave, nous-mêmes, que d'accepter comme vrai ce qui n'est ni prouvé ni logiquement probable_? Que l'Eglise prouve ce qu'elle
affirme et nous_ croirons ; nous devrions même
dire : nous saurons ; car, basée sur la certitude,
sa religion appartiendrait au domaine scientifique,
deviendrait la religion de la science ; à défaut des
preuves que nous réclamons, qu'elle fasse valoir
des probabilités rigoureusement logiques ; alors,
elle pourra exiger de nous la croyance que la raison ne nous permettrait plus de lui refuser. En
dehors de cela, elle n'obtiendra que la croyance
illogique de ceux qui seront pénétrés de la Grâce,
par l'effet du caprice divin. Mais la production de
ces preuves ou la démonstration de ces probabilités
ne se fera pas ; car il y a longtemps qu'elle aurait
été faite, si elles avaient quelque réalité incontestable.

Aucun des documents sur lesquels repose la foi
chrétienne ne peut être invoqué comme preuve en
matière de dogmes. Les faits historiques et les faits
légendaires s'entremêlent de telle manière, dans
l'Ancien et dans le Nouveau Testaments, qu'il est
impossible de discerner clairement ce qui est vrai
de ce qui est faux à la lecture de nombreux passages où l'invraisemblable provoque naturellement
l'incrédulité chez tout esprit qui ne se contente pas

d'affirmations sans preuves. Certainement il peut arriver qu'un fait, en apparence invraisemblable, soit vrai. Les médiums spirites ou non spirites déterminent par la puissance de suggestion dont ils sont doués des phénomènes surprenants que l'on pourrait prendre pour des miracles. Ils savent si bien agir sur la sensibilité de ceux sur qui ils opèrent ou de ceux qui sont présents à leurs expériences, qu'ils produisent toutes les sensations qu'ils veulent leur faire ressentir. Sous l'influence de leur action, on entendra des instruments de musique, on verra et sentira des fleurs, on admirera de beaux fruits, on en mangera et on les trouvera délicieux, quoique dans la pièce où s'opérera le phénomène, il n'y ait, en réalité, ni instruments de musique, ni fleurs, ni fruits ; mais les effets que l'on aura subis et constatés n'auront eu d'autres causes que les impressions produites sur la sensibilité par l'action suggestive du médium. Cette action du médium peut encore s'exercer sur n'importe quelle partie de l'organisme humain en déterminant certains effets physiologiques tels que l'anesthésie ou l'hyporesthésie, le ralentissement ou l'accélération du mouvement, la contraction ou l'extension des tissus organiques. Les docteurs Charcot et Lhuys ont ainsi obtenu de merveilleux effets dans le domaine de la médecine opératoire, comme la cautérisation sans l'emploi du fer rouge ou d'un caustique quelconque, en donnant à une simple baguette

de bois, non incandescente, le pouvoir de cauté-
riser. On arrive donc par l'action médianimique à
des résultats qui ont toutes les apparences de véri-
tables miracles, quoiqu'ils n'aient rien de surnaturel.
Ce sont toujours des phénomènes de sensation ou
d'action déterminés par la suggestion que réalise
un médium, plus ou moins doué, plus ou moins
puissant et toujours les spectateurs en présence
desquels opère le médium, se trouvant, à leur insu,
placés sous son influence, sont suggestionnés et
subissent les différentes sensations qu'il veut leur
faire éprouver, et toujours aussi les objets ou les
acteurs, ayant à remplir un rôle dans l'expérience,
accomplissent les mouvements ou produisent les
effets voulus.

Alors, les prétendus miracles s'expliquent jusqu'à
un certain point, sans dévoiler, cependant, le grand
mystère impénétrable, c'est-à-dire le mystère du
principe de cette merveilleuse puissance dont les
médiums sont pourvus.

Pourquoi les prodiges accomplis par les fakirs
indous ne seraient-ils pas des faits de même espèce
que les phénomènes médianimiques ; et pourquoi
les prodiges attribués à tous les thaumaturges de
l'Ancien et du Nouveau Testaments ne pourraient-
ils pas être classés dans la même catégorie ?

· Oh ! nous entendons déjà les fidèles du Christianisme s'écrier que nous blasphémons, que nous
refusons de reconnaître à Jésus et à ses disciples

le pouvoir que Dieu leur a donné, pour faire triompher son Eglise. Mais si les ennemis aussi bien que les défenseurs de cette Eglise sont capables d'accomplir les mêmes prodiges, alors, à quoi servent ces prodiges, ces miracles ? Le but, loin d'être atteint, se trouve anéanti. Nous avons, de notre côté, la ferme conviction que jamais rien ne s'est produit et ne se produira jamais contrairement aux lois de la nature, et nous laissons croire ceux que nous ne parvenons pas à convertir. Nous ne cherchons pas à les convaincre autrement que par des arguments logiques. Nous leur disons : Avant de croire, examinez, analysez, les documents que l'on vous présente comme fondements de la foi que l'on exige de vous ; tâchez de découvrir l'origine de ces documents, recherchez logiquement le comment et le pourquoi de ce qu'ils affirment comme vrai, et, si leurs affirmations ne reposent pas sur des preuves évidentes, voyez au moins si elles peuvent s'appuyer sur quelques probabilités rationnelles. Mais qu'avons nous à faire, lorsque l'on vient nous répondre que le libre examen est interdit par l'Eglise qui, tombant dans une surprenante contradiction, prétend reconnaître, cependant, au libre arbitre le droit qui lui appartient ? Ce libre arbitre-là nous paraît de même espèce que la liberté d'écrire dont il est question dans le Mariage de Figaro, et nous n'avons plus qu'à laisser aux prises avec les conséquences de leur déraison ceux qui, ayant reçu la

raison comme guide, ne consentent pas à s'en servir en matière de dogmes religieux, sous prétexte
qu'elle est faillible, prétexte que nous ne pouvons
admettre, après avoir démontré, comme il faut
se le rappeler, l'infaillibilité qui est la prérogative
nécessaire de cette faculté directrice, prérogative
dont elle doit jouir, tant qu'elle s'exerce dans les
limites de ses attributions en dehors desquelles il
n'y a plus rien de connaissable et, par conséquent,
pas d'affirmations logiques, puisqu'il n'y a plus ni
certitude, ni probabilité concevables. Quant à nous,
ne nous lassons pas de répéter que tout article de
foi est nécessairement du ressort de la raison.

Abordons, maintenant, la question qui concerne
l'autorité attribuée aux Prophéties de l'Ancien et
du Nouveau Testaments.

Dans une étude très approfondie de cette question, M. V. Courdaveaux, professeur à la Faculté
des lettres de Lille, arrive à démontrer que ni l'ensemble des textes des prophéties messianiques de
l'Ancien Testament n'est authentique, ni les détails
n'en sont assurés, ni les applications qu'on en fait
au Christ ne sont logiques ; bien au contraire. A la
suite de cela, il ajoute même que trois passages au
moins des Evangiles, passages considérés à tort
comme la reproduction de certaines paroles relatives
au Christ attribuées aux Prophètes par Matthieu :
II 23 ; Luc : XI 49 ; Jean : VII 38 ; ne se trouvent

ni dans la Vulgate, ni dans les Septante, ni dans
l Hébreu [1].

Or, voici le raisonnement qui, dans l'analyse
faite par M. V. Courdaveaux, détermine cette conclusion :

« Les prophètes, dit l'Eglise, étaient de vrais
« prophètes, véritablement inspirés de Dieu, puis-
« que, en dehors de ce qui regarde le Christ, ils
« ont sur maint point spécial, sur Tyr, par exem-
« ple, sur Babylone, sur Cyrus, prédit, bien à
« l'avance, des faits qui se sont réalisés et qu'ils
« n'auraient pu prévoir sans une révélation divine.
« A ce titre, il faut que tout ce qu'ils ont dit fût
« vrai. Or, il y a mainte et mainte de leurs pré-
« dictions qui ne peuvent s'être réalisées que s'il
« s'y agissait du Christ et non d'autre ; donc,
« c'était bien sur le Christ qu'elles portaient. »

Le savant professeur démontre que cela est
faux pour deux raisons :

1° Parce que, outre l'incertitude générale du
texte de l'Ancien Testament, nous avons, pour les
prophètes en particulier, la preuve positive que plus
d'un chapitre qu'on leur attribue n'est pas d'eux ;

2° Parce que plus d'une de ces prophéties non
messianiques ne s'est pas réalisée.

« Ce qui donne raison à la première objection,
« c'est que sur toutes les parties de l'Ancien Tes-
« tament censées antérieures à la captivité de

1. V. Courdaveaux — *Les Dogmes* — Ed. Fischbacher.

« Babylonne, dit M. Courdaveaux, nous avons
« les déclarations les plus formelles des Péres du
« second siècle et des Juifs eux-mêmes attestant
« que tous les livres sacrés avaient péri dans l'in-
« cendie du Temple, lors de la prise de Jérusalem
« par Nabuchodonosor, et que, quatre-vingts ans
« après le retour de Babylone, ils ont été miracu-
« leusement rétablis par Esdras. Ajoutons, dit-il
« encore, que la dispersion de ces mêmes livres
« se renouvela au temps des guerres d'Antiochus
« et fut réparée tant bien que mal par Judas Mac-
« chabée. »

Voici, maintenant, sur quelles raisons M. Courdaveaux fait reposer sa seconde objection, relative à la réalisation des prophéties ou à leur non
réalisation.

« Il en est sans aucun doute, dit-il, qui se sont
« réalisées. Quand un homme de sens et de juge-
« ment, placé dans un milieu qu'il connaît à fond,
« cherche à prévoir les suites probables de l'état
« présent des affaires, il y a bien des chances
« pour que plus d'une de ses prévisions soit juste,
« et c'est ce qui est arrivé pour un certain nombre
« de prédictions politiques des Prophètes. Mais
« en qualité de vrais prophètes, ils sont astreints
« à ne jamais s'être trompés : or, que de fois, au
« contraire, ils se sont trompés !

« 1° Osée, vers 770 avant Jésus-Christ, prédit [1]

1. Chap. II, v. 2-6 et chap. II, v. 2.

« que les habitants du royaume d'Israël vont être
« emmenés captifs en Egypte aussi bien qu'en
« Assyrie, d'où le Seigneur les tirera plus tard.
« Or, ils n'ont pas été emmenés captifs en Egypte,
« mais dans l'Assyrie seule, et n'en sont jamais
« revenus. L'auteur, lui-même, d'ailleurs, à quel-
« ques versets de distance, déclare dans ce même
« chapitre qu'Israël n'ira jamais captif en Egypte[1].
« Il aurait bien dû commencer par se mettre d'ac-
« cord avec lui-même.

« 2° Isaïe[2] prédit qu'un temps va venir où
« Israël sera la terreur de l'Egypte, où celle-ci,
« après avoir été frappée par le Seigneur, se con-
« vertira à lui ainsi que l'Assyrie, et où les trois
« nations ne feront plus, pour ainsi dire, qu'un
« même peuple uni dans le culte du vrai Dieu.
« Or, on sait si tout cela est jamais arrivé.

« 3° Le même Isaïe[3] prédit que Tyr va être
« non seulement prise, mais détruite par les Assy-
« riens; qu'elle restera oubliée pendant soixante-
« dix ans; qu'au bout de ce temps elle se relèvera
« et recommencera à commercer avec toutes les
« nations, mais qu'elle emploiera alors tous ses
« profits à enrichir les prêtres du Seigneur. Or,
« Tyr, après avoir repoussé Salmanasar, vers
« 720, a bien été prise par Sennachérib vers 700,

1. Chap. II, v. 5.
2. Chap. XIX, v. 18-25.
3. Chap. XXIII.

« mais elle n'a pas été détruite par lui, n'a pas
« été oubliée soixante-dix ans, n'a pas eu à se
« relever au bout de ce temps, et n'a pas consa-
« cré alors ses profits à enrichir les prêtres
« d'Israël.

« 4° Deux cent vingt ans plus tard, Ezéchiel [1]
« a prédit que cette même Tyr allait être détruite
« par Nabuchodonosor, qui jetterait à l'eau jus-
« qu'à·son sol même, et qu'elle ne serait jamais
« rebâtie. Or Tyr a-t-elle été prise par Nabucho-
« donosor ? Oui, suivant les historiens anciens et
« modernes, qui tiennent la prédiction même
« d'Ezéchiel pour une garantie suffisante [2]. Non, sui-
« vant ceux qui ne la tiennent pas pour telle. Selon
« ces derniers [3], le roi de Tyr, après un siège de
« onze ans, a simplement fini par traiter et par
« reconnaître la suprématie du roi d'Assyrie, qui
« n'en a pas demandé davantage. Mais, ni selon
« les uns, ni selon les autres, elle n'a été détruite
« alors ; et cela est si vrai qu'Alexandre, trois
« cents ans plus tard, a dû en faire le siège pen-
« dant une année entière avant de la soumettre.
« Et lui-même ne l'a pas détruite, car il y célébrait
« six mois après des fêtes à Hercule, et en 315
« Antigone l'assiégeait pour la reprendre à Ptolé-
« mée. Ici donc encore les Prophètes ont pris

1. Chap. XXVI.
2. Voir F. Lenormant, *Manuel*, etc.
3. Voir Maspero, *Histoire des peuples de l'Orient.*

« leurs désirs pour la réalité ; et cette fois n'a
« pas été la dernière.

« 5° Selon le Pseudo-Isaïe [1], Babylone allait
« être si bien détruite par les Perses qu'elle serait
« transformée à tout jamais en un désert où habi-
« teraient seuls les animaux sauvages ; et le
« Pseudo-Jérémie a reproduit les mêmes prédic-
« tions [2] dans des termes encore plus forts peut-
« être. Or, si Babylone a été prise par Cyrus,
« chacun sait qu'elle a survécu onze ou douze
« siècles encore à cette conquête.

« 6° Le Pseudo-Jérémie dans ces mêmes chapi-
« tres, et le vrai Jérémie, dans les chapitres
« XXXI et XXXII, ont prédit la restauration à
« tout jamais d'Israël et de Juda dans le pays
« de leurs pères, où ils seraient gouvernés pour
« toujours, et sans interruption par des rois de
« la maison de David, Dieu devant lui pardonner
« dans sa bonté et mettre en leurs cœurs une
« fidélité sans fin, à laquelle répondrait une pros-
« périté sans terme, au sein d'une nature trans-
« formée. Or Juda n'est revenu qu'en partie,
« Israël n'est pas revenu du tout, les descendants
« de David ne sont pas remontés sur le trône
« pour l'occuper à jamais ; et l'on sait que de
« malheurs et de ruines ont été le lot des Juifs
« après le retour de la captivité. »

1. Chap. XIII, v. 1; Chap. XIV, v. 23.
2. Chap. L à LI.

De tout ce qu'il vient de faire observer sur la non-réalisation de ces prophéties politiques, M. Courdaveaux conclut que les prophètes de l'Ancien Testament, s'étant maintes fois trompés dans leurs prédictions, ne peuvent être considérés avec raison comme inspirés de Dieu et que les paroles qui leur sont attribuées comme prophéties messianiques, ou n'ont pas été prononcées par eux, ou ne concernent pas le Christ. Le prophète Isaïe ne dit-il pas au roi Achaz : « Dieu va vous donner un signe de sa protection : Voici qu'une vierge concevra et enfantera un fils qui s'appellera Emmanuel. » Il n'est certainement pas admissible que le prophète ait voulu désigner sous ce nom d'Emmanuel le Christ qui ne devait naître que sept cent cinquante ans après cette prétendue prophétie. « L'enfant annoncé, dans le texte pris en son sens naturel, est, dit M. Courdaveaux, un enfant qui va naître bientôt, comme la logique le veut pour que l'avis puisse servir à celui qui le reçoit. Au chapitre suivant, le prophète d'ailleurs se charge lui-même de faire cet enfant par devant témoins [1]. »

« Ce n'est pas tout, dit le savant critique. Le « terme de vierge, dont les Septante et, à leur « exemple, la Vulgate se servent pour désigner « celle qui sera la mère de l'enfant, n'a rien en « lui-même qui implique un miracle, car il peut

---

1. Isaïe, chap. VIII, v. 2-4.

« signifier simplement que la mère était vierge
« avant là conception. Or, les Juifs prétendaient
« que le mot du texte hébreu ici n'était même pas
« le mot de vierge, employé vingt fois ailleurs
« mais celui de jeune femme, en grec νεανις, qui
« ne laissait de place à aucune équivoque, et que
« le mot de vierge, παρθενος n'avait été introduit
« dans la version des Septante que par la double
« ignorance où ceux-ci étaient du vieil hébreu
« qu'ils traduisaient et du grec dans lequel ils le
« traduisaient. » Saint Jérôme reconnaissait lui-
même que le mot employé dans le verset d'Isaïe
était *almah* qui signifie *femme ;* il aurait préféré,
dit-il, l'emploi du mot *bethulah* qui veut dire
*vierge ;* cela se conçoit[1].

Matthieu voit la prédiction de la naissance du
Messie à Bethléem dans cette prophétie de Michée :
« Et toi, Bethléem, le plus petit entre les milliers
de Juda, de toi sortira pour moi celui qui régnera
en Israël. » Or, d'après le reste du chapitre dans
lequel on lit cette prophétie de Michée, M. Courdaveaux fait remarquer qu'il s'agit là d'un roi
victorieux qui, ainsi que le disent les versets 5-9,
écrasera l'Assyrie et fera qu'Israël soit au milieu
des nations comme le lion parmi les bêtes de la
forêt, comme le lionceau dans un troupeau de
brebis, où il terrasse et déchire sans que nul soit
sauvé[2]. Pour trouver dans le portrait de ce roi

1. Saint Jérôme, *Contra Helvidium.* Chap. IV.
2. Michée, ch. V, v. 5-9.

implacable envers ses ennemis la pacifique figure
du Christ, il faut, vraiment, reconnaissons-le,
avoir une foi d'évangéliste.

En ce qui concerne les autres prophéties messianiques, nous ne pouvons mieux faire que de
citer encore certains passages de la très remar-
quable étude dont nous ne donnons ici qu'un trop
sommaire aperçu.

« Jérémie, selon Matthieu[1], a prédit le massacre
« des Innocents dans ce verset : On entend une
« voix à Ramah, des lamentations, des sanglots
« pleins d'amertume : c'est Rachel qui pleure ses
« enfants ; elle refuse toute consolation, parce
« qu'ils ne sont plus[2]. »

Ceux que Rachel pleure sont ceux de ses fils qui
ont été emmenés en captivité, et rien de plus.
Cette prétendue prophétie n'a donc aucun rapport
avec le massacre des Innocents, fait dont la réalité, d'ailleurs, n'a jamais été prouvée, aucun
historien sérieux n'ayant cru devoir le mentionner,
parce qu'il n'est nullement historique, mais légen-
daire.

« Osée, selon Matthieu, a prédit le retour de
« Jésus de l'Egypte, car il a dit : « J'ai appelé
« mon fils de l'Egypte. » Malheureusement pour
« Matthieu et pour l'Eglise le chapitre tout entier

_____

1. Ch. II, v. 18.
2. Jérémie, ch. XXXI, v. 15.

« d'Osée se rapporte à l'histoire non de Jésus mais
« du peuple d'Israël, que Dieu se plait à nommer
« son fils, que, comme tel, il a appelé d'Egypte, et
« qui depuis l'a oublié et trahi, en ingrat qu'il est.

« Isaïe, selon saint Luc et saint Jean [1], a prédit
« la mission de saint Jean-Baptiste par ces paro-
« les : Voici la voix de celui qui crie dans le désert :
« Préparez la route du Seigneur ; rendez droits
« dans la solitude les sentiers de notre Dieu.
« Toute vallée sera comblée ; tout mont et toute
« colline seront abaissés ; les chemins contournés
« deviendront droits et les escarpés seront aplanis ;
« et la gloire de Dieu éclatera, et toute chair verra
« également ce que Dieu a dit par sa bouche [2].

« Saint Luc a passé les mots caractéristiques :
« dans la *solitude*, et changé les derniers mots
« en ceux-ci : *Toute chair verra le Sauveur qui*
« *vient de Dieu.* Reuss traduit d'après l'hébreu :
« *Une voix crie : Préparez la voie de Dieu dans*
« *le désert et... pour que la gloire de l'Eternel ap-*
« *paraisse, et que tous les mortels ensemble l'aper-*
« *çoivent* ». Chacun sent les raisons des change-
« ments de saint Luc.

Or, M. Courdaveaux, d'accord avec les critiques
hébraïsants, fait remarquer que l'ensemble des

---

1. Saint Luc, ch. III, 4. 6.; Saint Jean, ch. I, 23.
2. Vulgate, Isaïe, ch. XL, v. 3. 4. chapître à partir duquel
M. Courdaveaux démontre que l'œuvre attribuée à Isaïe cesse,
en toute certitude, d'être authentique.

prophéties, attribuées à Isaïe, doit être divisé en
deux portions bien distinctes. Non seulement, dit-
il, le style de ces deux portions est essentiellement
différent, mais il est impossible à tout esprit im-
partial d'échapper à la conviction qu'elles ont été
écrites à deux époques différentes. Si rien ne s'op-
pose à ce que la première partie soit d'Isaïe, qui
vivait précisément à l'époque reproduite par elle,
la seconde est forcément de deux cents ans plus
tard : elle a été écrite dans Babylone par la main
d'un déporté, à l'époque où les premières victoires
de Cyrus avaient rendu l'espérance aux Juifs, avec
lesquels rien n'empêche de lui supposer des intel-
ligences contre l'ennemi commun.

Dans quelle partie du livre d'Isaïe saint Luc a-t-
il puisé la prétendue prédiction de la mission de
saint Jean-Baptiste ? Malheureusement pour la
cause qu'il voulait faire triompher, c'est dans la
seconde partie à laquelle, comme nous venons de
le voir, on ne saurait reconnaître la moindre authenticité. Et quand même les paroles attribuées au
prophète seraient authentiques, elles n'auraient
nullement la signification que leur prête l'évangéliste. Le chapitre qui les renferme et les suivants
expriment simplement, en effet, l'espoir que les
Juifs, captifs à Babylone, ont conçu de rendre le
désert praticable entre la Babylonie et la Judée,
pour le retour des tous les déportés dans leur
pays.

Malachie, à son tour, selon Marc [1], prédit cette
même venue de saint Jean-Baptiste dans ce verset :
« Voici que j'envoie mon messager devant *ta* face,
et il préparera *ta* route devant *toi*. » Or le véritable sens du verset de Malachie, dans l'hébreu,
dans les Septante et dans la Vulgate, est celui-ci :
« Je vais envoyer mon messager, pour qu'il prépare le chemin devant *ma* face. » Puis le verset suivant dit : » Et qui pourra soutenir le jour de sa
venue ? Et qui pourra subsister, quand il paraîtra ?
Car il sera comme un feu qui raffine, et comme le
savon des foulons. » Est-il admissible que le prophète Malachie ait voulu prédire en de pareils termes la venue de saint Jean comme précurseur du
Christ ? Evidemment, non. Le messager dont il
s'agit, c'est l'ange annonçant le suprême jugement
de Jéhovah. Est-ce donc alors à Marc ou à ceux
qui ont remanié les Evangiles qu'il faut imputer la
falsification du texte de Malachie par ces mots :
devant *ta* face, et il préparera *ta* route devant *toi*,
substitués aux mots : pour qu'il prépare le chemin
devant *ma* face ?

Pourquoi le sens des paroles du prophète a-t-il
été ainsi dénaturé, si ce n'est dans l'intérêt de la
cause de l'Eglise ? Ce n'est pas là, très certainement, une erreur de traduction, mais un fait inten-
tionnel évident : c'est un faux bien caractérisé qui
vient s'ajouter aux faux déjà commis ou qui ont

1. Saint-Marc, ch. I, v. 2.

encore, dans la suite, été commis, pour le triomphe de cette même cause. On le voit, la doctrine jésuitique, qui veut que la fin justifie les moyens, date de loin ; ce qui prouve que les disciples d'Ignace de Loyola ont eu des précurseurs dont la venue n'a pas plus que celle de saint Jean été prophétisée.

Zacharie, selon saint Matthieu, aurait prédit l'entrée de Jésus à Jérusalem, par ces paroles : « Voici ton roi qui vient à toi, débonnaire, et monté sur un âne, sur le poulain de celle qui porte le joug »[1]. Or ces paroles du prophète étaient connues de tous ; depuis longtemps on en attendait la réalisation ; et le descendant de David en se présentant à l'entrée de la ville sur la monture dont avait parlé le prophète et que deux disciples étaient chargés de lui amener, ne pouvait manquer de recevoir l'accueil le plus enthousiaste. C'est là, en effet, ce qui arriva.

Mais est-ce bien de Jésus qu'il s'agit dans l'ensemble des paroles prononcées par le prophète ? Le verset qui précède et le verset qui suit cette prétendue prophétie n'ont certainement aucun lien logique avec le caractère et les actes de celui qui ne devait entreprendre d'autre conquête que celle des âmes par la prédication et par l'exemple. Pour que l'on puisse en juger, donnons la traduction de ces trois versets :

V. 8 : « Et je camperai autour de ma maison à

---

1. Saint Matthieu, ch. XXI, v. 5.

cause de l'armée, et à cause des allants et des venants, afin que l'oppresseur ne passe plus parmi eux ; car je regarde maintenant de mes yeux. » [1]

V. 9 : « Réjouis-toi extrêmement, fille de Sion ; jette des cris de réjouissance, fille de Jérusalem ; voici, ton roi viendra à toi, juste et sauveur, humble et monté sur un âne, sur le poulain d'une ânesse. »

V. 10 : « Et je retrancherai les chariots de guerre d'Ephraïm, et les chevaux de Jérusalem, et l'arc du combat sera aussi retranché, et le roi parlera de paix aux nations ; et sa domination s'étendra depuis une mer jusqu'à l'autre mer, et depuis le fleuve jusqu'aux bouts de la terre. »

Qu'y a-t-il de commun entre ce roi qui se promet de déposer les armes après avoir triomphé de ses ennemis et Jésus qui devait dire un jour : Celui qui se sert de l'épée périra par l'épée ? Cela seulement, il est vrai, que tous deux auront rêvé de faire régner la paix par leur domination jusqu'au bout de la terre, comme dit le prophète, si différents qu'auront été les procédés de l'un et de l'autre pour arriver à ce but.

Le crucifiement de Jésus entre les deux larrons serait, selon saint Marc, l'accomplissement de cette prophétie d'Isaïe : « Il a été mis au rang des malfaiteurs. » [2] C'est en effet au chapitre LIII du

1. Zacharie, Chap. IX, v. 8. 9. 10.
2. Isaïe, chap. LIII, v. 12.

livre de ce prophète que se trouvent ces paroles.
Or nous savons que c'est là un chapitre compris
dans la partie du livre que l'on considère comme
dépourvue d'authenticité ; mais quand même le
chapitre ou le passage en question serait authentique, nous savons aussi que dans l'antiquité, chez
presque tous les peuples on croyait à la nécessité
d'apaiser la colère divine par des sacrifices expia-
toires et que toujours les victimes à sacrifier devaient être des innocents, des agneaux sans tache
ou de blanches colombes. Aux dieux du paganisme
il fallait le sang des hécatombes pour laver les
fau..es ou les crimes de l'humanité ; à Jéhovah celui
de l'agneau suffisait ; au dieu chrétien il a fallu encore du sang ; et, si ce n'était plus celui de son fils,
c'était celui des martyrs, quand ce n'était pas celui
des hérétiques répandu sur le pavé des rues et des
places publiques ou brûlés sur les buchers. Et de
quelle victime est-il question dans le chapitre LIII
d'Isaïe, si ce n'est de celle qui, comme le bouc
émissaire chargé de toutes les iniquités d'Israël,
aurait à supporter tout le poids de la faute et toute
la rigueur du châtiment ? Cette victime ne pouvait
être que le Juste, tel qu'Isaïe le concevait. Alors,
qu'y a-t-il d'étonnant en ce que le prophète, dans
la peinture qu'il en a tracée, ait atteint certain degré de ressemblance avec l'idéal que devait réaliser
le Christ ? Environ trois siècles plus tard, Platon
n'est-il pas parvenu à une semblable conception

du même Juste ? Il n'était donc pas nécessaire d'être
pourvu du don de prophétie pour se faire une idée
précise de ce juste.

Aujourd'hui, d'ailleurs, chacun de nous, avec un
peu de présence d'esprit, serait capable de concevoir
un pareil idéal, si l'expérience en était encore à
faire. Isaïe n'a pas dit que le Juste mourrait crucifié entre deux larrons ; mais qu'il serait mis au
rang des malfaiteurs, et il n'y a pas à voir là, certainement, la moindre prophétie relative à Jésus.

Dans son évangile, saint Jean considère comme
concernant le Christ ces paroles du XXII^me
psaume de David, « v. 19 : Ils partagent entre eux
mes vêtements, et jettent le sort sur ma robe. »
Mais si on lit le psaume intégralement, on est
amené à reconnaître que ce partage de vêtements
n'a pas d'autre rapport avec celui du récit de la
Passion que la similitude des deux faits, considérés en eux-mêmes, les circonstances qui les ont
déterminés n'ayant aucune analogie entre elles.
Voici, en effet, ce que disent les deux versets pré-
cédents, v. 17 : « Car des chiens m'ont environné,
et une troupe de gens malins m'a entouré ; ils ont
percé mes mains et mes pieds, v. 18 : Je compterais
tous mes os. » Comment les mains et les pieds du
malheureux ont-ils été percés ? Ce n'est pas par
des clous qui auraient servi à le crucifier, puisque, dans ce psaume, il ne s'agit pas de crucifiement, mais par les crocs des chiens que ses ennemis

ont lachés sur lui, et dont les morsures ont été si
profondes que les os apparaissent décharnés dans
chacune des plaies de ses mains et de ses pieds,
et c'est à coups de dés jetés sur sa robe que l'on
se partage ses vêtements.

La vérité d'une prophétie ne devrait, il nous
semble, consister que dans l'identité du fait prédit
et du fait réalisé. Or, bien certainement, entre le
fait imaginé par David, que l'Eglise s'est empressée
d'appeler le roi prophète, et le fait qui devait s'accomplir dix siècles après lui, il n'y a pas identité.
Cependant, objectera-t-on, il y a identité dans le
partage des vêtements de la victime dont parle
David et le partage des vêtements du Christ. Oui,
évidemment, il y a identité entre ces deux parta-
ges de vêtements ; mais ce sont là, uniquement,
des faits accessoires qu'il ne faut pas confondre
avec le fait principal : le crucifiement de Jésus, fait
dominant que l'Eglise tient à faire valoir comme
prophétisé ; ou, alors, il n'y aurait eu dans ce cas
d'autre prédiction que celle du partage des vêtements, partage qui était de règle constante après
toute exécution d'une sentence de mort, comme il
a toujours été de règle chez les scélérats qui s'associent dans l'accomplissement d'un acte de bri-
gandage quelconque. Si en effet il y a eu prédiction, il
doit, par conséquent, y avoir eu identité entre le fait
prédit et le fait réalisé : c'est-à-dire que le sort a
été jeté sur la robe du Christ pour le partage de

ses vêtements non pas par des soldats qui l'ont
crucifié, mais, comme le dit le psaume de David,
par des gens malins qui ont lâché sur lui leurs
chiens dont leurs morsures lui ont transpercé la
chair des mains et des pieds jusqu'aux os. Est-ce
là le fait qui s'est réalisé ? Non, dira l'Eglise. Alors,
dirons-nous de notre côté, il n'y a pas là de prédiction et David ne peut être considéré comme prophète.

Quelles sont les prophéties relatives à la résurrection de Jésus ?

Faut-il en voir une dans ce verset du prophète
Osée : « Retournons vers l'Eternel. C'est lui qui
« nous a blessé ; il nous guérira. Il nous rendra
« la vie après deux jours ; le troisième il nous
« relèvera, et nous vivrons devant sa face[1] » ?
On prétend trouver dans ce verset la prédiction
du temps pendant lequel le Christ devait rester
enseveli avant de ressusciter. Cette interprétation
ne nous semblant pas d'une justesse rigoureuse,
nous croyons mieux faire en examinant plutôt ce
passage de l'évangile de saint Matthieu où Jésus
répond aux pharisiens qui lui demandent un miracle : « Il ne sera accordé à cette race méchante et
« adultère aucun autre miracle que celui du pro-
« phète Jonas. Car de même que Jonas fut dans
« le ventre d'un grand poisson trois jours et trois

---

1. Osée, chap. VI, v. 2.

« nuits, de même le Fils de l'homme sera trois
« jours et trois nuits dans le sein de la terre [1]. »
Par ces paroles Jésus prédit lui-même le temps
qu'il doit rester enseveli : c'est-à-dire 72 heures.

Voyons si cette fois la réalisation aura été parfaitement conforme à la prédiction, comme on croyait avoir raison de s'y attendre en présence
d'une affirmation aussi autorisée que celle du
Christ. Certainement la réalité du fait ne peut être
vérifiée en cette circonstance, que par approxima-
tion. On ne sait, en effet, ni à quelle heure Jésus
fut mis dans le tombeau, ni à quelle heure il en est
sorti ; mais on sait que c'est la veille du sabbat,
vers la neuvième heure du jour, qu'il expira sur la
croix, et le surlendemain de sa mort, un peu avant
le lever du soleil, que Marie-Madeleine, étant
venue au sépulcre, constata la disparition du corps
de l'être adoré qu'elle y avait vu ensevelir. Or
Jésus est-il resté dans le tombeau 72 heures ?
Evidemment non. En comptant largement le temps
qu'il a dû y rester, ce temps n'a certainement pas
dépassé le nombre de 40 heures, c'est-à-dire moins
de deux jours et deux nuits. Entre la prédiction
et la réalisation il y a donc eu défaut de conformité.
A qui faut-il attribuer l'erreur commise ? Est-ce à
l'évangéliste, quel qu'il soit, puisque les quatre
évangiles sont d'accord sur ce point, ou est-ce au
Christ ? C'est là une question que nous ne cher-

---

1. Saint Matthieu, chap. XII, v. 39, 40.

cherons pas à résoudre, parce qu'elle nous paraît insoluble.

On a cru trouver encore une prédiction de la résurrection de Jésus dans ce verset 10 du psaume XVI de David : « Car tu n'abandonneras pas mon « âme dans le sépulcre, et tu ne permettras pas « que ton saint sente la corruption. » Ces paroles, il nous semble, ne prouvent qu'une chose : c'est que David, loin de penser à la résurrection de celui qui serait le Christ, se fait déjà, en parlant de lui-même, une idée vague de l'immortalité probable de son âme, c'est là une espérance qu'il manifeste et une prière qu'il adresse à l'Eternel pour obtenir de lui la réalisation de cette immortalité à laquelle il aspire, et c'est là aussi, peut-être, la seule prophétie qui soit jamais sortie de sa bouche.

Tout ce que nous trouvons de vrai dans les livres des prophètes est l'effet des éclairs de raison qui jaillissaient parfois dans le flux désordonné des inspirations, toujours poétiques, mais trop souvent extravagantes, de ceux que l'on considérait comme les messagers de la parole de Dieu ; et nous en concluons qu'il n'y a jamais eu ou qu'il n'y aura jamais d'autres prophéties vraies que celles de la raison. De même que David prophétisait en se faisant une certaine conception de l'immortalité de son âme et en l'annonçant, de même les esprits les plus éclairés du peuple hébreu prophétisaient ou croyaient prophétiser en traçant le portrait du Juste qu'ils concevaient soit comme un roi sauveur issu de la race de David et triomphant de l'oppresseur, soit comme une victime expiatoire venant apaiser la colère divine par le sacrifice de sa vie. Deux courants d'opinions si différentes l'une de l'autre devaient infailliblement amener dans la masse du peuple une scission et un conflit. C'est, en effet, ce qui arriva : deux camps opposés se formèrent ; en face des partisans du Messie, libérateur par la force des armes, prirent position les partisans du Messie, s'offrant en sacrifice d'expiation. Ceux-ci ou leurs descendants devaient un jour voir en Jésus la réalisation de l'idée qu'ils s'étaient faite du Juste, tandis que leurs adversaires, n'ayant jamais vu et n'espérant plus voir jamais la réalisation de leur idée du Juste triomphant et conquérant, ont, en désespoir de cause, abandonné presque tous, comme au temps de Moïse, le culte de Jéhovah pour se vouer corps et âmes au culte de ce veau d'or qu'ont adoré leurs pères et qu'ils encensent aujourd'hui par la hausse et la baisse de toutes les valeurs vénales, en foulant aux pieds les débris des tables de la Loi.

On objectera, peut-être, que la réalisation de l'idée du Juste par Jésus donne raison au Christianisme. Si cette objection se présente, c'est que l'on n'aura pas suffisamment compris notre théorie du système des réincarnations successives et progressives. Or nous avons dit que tous les êtres organisés ont à passer par tous les degrés de l'échelle ascendante des organismes vivants pour parvenir à l'identification complète avec l'Etre Absolu, c'est-à-dire en d'autres termes, que tous doivent atteindre, en progressant de degré en degré, la dernière phase de l'évolution du principe vital, phase qui est celle du Juste et à la fin de laquelle il n'y aura plus d'autre limite à franchir que celle qui sépare les relatifs de l'Absolu, les êtres partitifs de l'Etre Universel. Dans le passé, Jésus n'a pas été le seul homme ayant réalisé le Juste : Socrate, Régulus et, plus près de nous, Jeanne d'Arc ont, certainement, atteint ce degré supérieur de la réalisation. En faisant le sacrifice de leur vie pour le triomphe de la Vérité, ils nous auront montré la voie que nous aurons à suivre jusqu'à l'identification parfaite avec l'Etre Absolu. C'est la voie des réincarnations successives et progressives qu'ils ont suivie et qui les a conduits au but suprême de toutes les existences, voie que nous sommes tous appelés à suivre comme eux et que nous suivrons tous en effet dans la progression constante des degrés de l'échelle des vies organiques dont le sommet doit être le degré de la vie du Juste. Ce n'est donc que par la vie et la mort du Juste que nous entrerons en communion parfaite avec l'Etre Absolu.

Oh ! certainement, les esprits timides trouveront qu'une telle fin, couronnant la longue série des existences successives, est épouvantable et auront peine à croire qu'eux-mêmes, lorsqu'ils auront atteint le degré du Juste, seront capables d'affronter avec empressement ce terrible passage de la vie mortelle à l'éternelle vie, c'est-à-dire de la vie relative à la vie absolue. Cependant c'est là ce qui doit arriver, ce qui doit s'accomplir chez chacun de nous.

Mais, diront les théologiens du Christianisme, c'est pour nous éviter cette épouvantable épreuve que le Christ s'est offert en sacrifice expiatoire. Alors, nous leur répondrons que, s'il n'en était pas ainsi que nous venons de le dire, nous ne serions pas dignes d'entrer comme Socrate, comme Régulus, comme Jésus, comme Jeanne d'Arc, en communion parfaite avec l'Etre Absolu. Timides et théologiens, calmez-vous. Rappelez à vous tout votre bons sens, et dites-vous bien que, pour accomplir la vie du Juste, il vous faudra préalablement être entrés en possession complète de toutes les qualités, de toutes les vertus qui caractérisent le Juste. Une fois en possession de ces forces de la véritable sagesse, vous ne redouterez plus, soyez-en sûrs, d'avoir à franchir la suprême limite qui est celle de l'identification parfaite avec l'Etre Absolu, si terrible que vous paraissent actuellement le dernier sacrifice de la dernière de vos réincarnations.

Qu'un certain nombre d'êtres humains soit exempté de ce sacrifice par la reversibilité des mérites de Dieu fait homme : voilà ce que la raison ne peut admettre comme vrai, lorsqu'elle jouit de la plénitude du libre arbitre qui lui appartient par droit absolu, si relative, si limitée que soit l'infaillibilité de son jugement. Et ces privilégiés du caprice divin seraient ceux-là seuls que le Père aurait donnés au Fils, ceux-là seuls que Jésus aurait sauvés de l'éternelle damnation par le sacrifice de sa vie. Pourquoi ce sacrifice de l'Homme-Dieu aurait-il déterminé le salut d'un petit nombre et non le salut de tous ? Pourquoi cette partialité dans un tel décret, cette relativité dans l'action de l'Etre Absolu ? Pourquoi tous les êtres humains n'auraient-ils pas à bénéficier des effets de la Suprême Justice, après avoir accompli tous la même évolution, après avoir suivi tous la même progression en partant de l'imperfection la plus infime pour monter jusqu'à la perfection divine ?

Nous n'hésitons pas à croire que tout homme, parvenu au degré du Juste, puisse dire avec Jésus : Moi et mon père nous sommes un. Et tous les hommes arriveront à le dire, si la Justice Absolue est égale pour tous, comme l'exige la saine logique qui n'admet pas d'inégalités dans les conditions humaines passées ou présentes sans compensations futures, réalisables dans chaque série de réincarnations successives. L'homme, quel qu'il soit, bon ou mauvais, ne doit ses qualités ou ses défauts qu'aux qualités ou aux défauts de sa conformation qui est l'œuvre de la nature, et son libre arbitre ne peut être que l'effet des fonctions normales ou anormales de l'organe de sa pensée, mis en jeu par le principe vital qui, animant l'Etre Universel, anime par cela même les êtres partitifs. Laissons les Pharisiens du Catholicisme ou du Protestantisme et les Scribes du Matérialisme ou du Positivisme nous crier : Anathème ! Nous avons la prétention de voir mieux et plus haut qu'eux.

Pour ces Pharisiens le Verbe est la Parole et non l'Esprit ; pour ces Scribes le sensualisme et l'empirisme sont les seuls procédés que doive employer leur faculté de connaître, le vrai, ils l'affirment, étant un objet de constatation et de classification méthodique ; mais non un objet de recherche intellectuelle en dehors de toute hypothèse immédiatement vérifiable. Ne leur parlez pas du principe et de la raison d'être de ce qui s'accomplit sous leurs yeux ; ils ne veulent pas s'aventurer dans le domaine des causes premières et des causes finales qui leur paraissent inaccessibles à toute intelligence, parce qu'ils ne peuvent croire que le vrai connaissable ne soit pas exclusivement dans la manière d'être des choses physiques, intellectuelles ou morales dont il leur est donné de constater la réalité immédiate. La science la plus élevée, suivant le Matérialisme : c'est la Biologie ; suivant le Positivisme : c'est la Sociologie. Individu ou société, l'homme : voilà l'objet constant de leurs études et de leurs efforts de réalisation ; faire fonctionner la machine humaine, individuelle et sociale le plus régulièrement possible : voilà leur but suprême. Ils ne veulent pas voir dans la nature un Etre Universel, mais des êtres partitifs ou collectifs qu'ils peuvent soumettre à une analyse ou à une synthèse quelconque. C'est là toute leur philosophie.

La nôtre, au contraire, en observant le comment, la manière d'être des choses de la nature, s'est appliquée à en découvrir le pourquoi, la raison d'être, et s'est sentie capable de parvenir, jusqu'à un certain point, par la connaissance de ce comment et de ce pourquoi des choses à une conception vraie de leur principe qui est, elle l'affirme, le Bien Absolu réalisé par l'Etre Universel.

Ces trois systèmes philosophiques : le Matérialisme, le Positivisme et le Panthéisme, ont certainement provoqué bien des discussions, bien des querelles, mais n'ont jamais déterminé et ne détermineront jamais la moindre effusion de sang, on peut en être sûr, les philosophies fausses aussi bien que la vraie philosophie n'ayant à employer d'autres armes contre leurs adversaires que les moyens de persuasion que leur fournit la dialectique. Les religions ont trop souvent eu recours à des moyens

de vaincre qui n'avaient rien de commun avec ceux
de convaincre : loin de s'en tenir aux procédés de
persuation logiques, elles ont bien plus souvent
persécuté qu'elles n'ont été persécutées ; et de
toutes les religions il n'en est pas qui ait fait verser
plus de sang que le Catholicisme.

Si l'on met en balance les deux martyrologes :
c'est-à-dire, d'un côté, celui des saints que l'Eglise
vénère, parce qu'ils sont morts pour sa glorifica-
tion, et, de l'autre côté, celui des victimes qu'elle
a sacrifiées pour le triomphe de sa suprématie
universelle, on est bien forcé de convenir que c'est
elle surtout qui a terrifié les âmes. L'Ancien Testament nous fait le récit de bien des crimes commis
au nom de Jéhovah. Mais, depuis le commencement de l'ère chrétienne, combien plus de sang a
été répandu pour ou contre la foi qu'avait établie
Jésus qui, après le Lévitique [1] et cinq cents ans
après Koung Fou Tseu (Confucius), disait aussi
bien qu'eux : Tu aimeras ton prochain comme toi-
même ! Les guerres de religion, chrétienne ou ma-
hométane, les croisades contre les Vaudois, contre
les Albigeois et celles de la Terre Sainte, les massacres de Vassy et de la St-Barthélemy, les tortures
et les autodafés de l'Inquisition, la Guerre de
Trente ans, puis les Dragonnades : tout cela, sans
parler du Nouveau Monde où des flots de sang
ont aussi coulé pour la même cause, tout cela,

1. Lévitique. Ch. XIX, v. 18.

disons-nous, ne fait-il pas terriblement pencher la
balance du côté de l'œuvre néfaste de la religion;
et, alors, de quel léger poids le bien qu'elle a pu
déterminer n'est-il pas, en fin de compte, s'il doit
figurer à titre de compensation ? Certes, le Christianisme a entrepris de nombreuses œuvres chari-
ritables ; mais la bienfaisance purement philosophique n'en accomplit-elle pas autant et d'équiva-
lentes ? Et nous ne connaissons pas de systèmes
philosophiques qui aient jamais fait verser la moindre goutte de sang.

O Eglise ! Gouverner le monde ! Tel a toujours
été l'objet de ton ambition. Alors, tu n'as pas hésité à transformer la religion du Christ; tu en as
fait ta religion, que tu appelles Catholique, c'est-à-
dire universelle, sans doute, parce qu'elle n'est
plus chrétienne. Tu as eu l'audace de dénaturer
les textes originaux qui devaient être les premiers
fondements de la foi et dont tu prétends avoir
toujours été la fidèle gardienne. A certaines ex-
pressions de ces textes, si ce n'est à ces textes
mêmes, tu en as substitué d'autres autant que possible favorables à la cause de tes convoitises. Puis
tu t'es emparée des âmes simples. Prenant la
place du serpent de la Genèse, tu as séduit nos
mères, nos sœurs, nos femmes, nos filles pour en
arriver, par leur intermédiaire, à nous séduire nous-
mêmes, nous les hommes qui avons appris à raisonner logiquement et qui ne sommes nullement

disposés à admettre comme vrais les dogmes que
tu as imaginés et que la raison condamne comme
portant atteinte au sentiment du Juste qui est le
Bien Absolu.

Dans notre enfance, placés sous la surveillance
maternelle, nous avons cru sincèrement, avec toute
la naïveté, toute la candeur de nos âmes ; mais, à
l'âge où la raison s'éveille, nous n'avons pas tardé
à réfléchir sur les principes qui devaient déterminer notre foi. Alors, nous nous sommes demandé
si la religion vraie était bien celle qui, par le baptême, avait fait de nous des croyants longtemps
avant que nous, fussions capables de nous former
une opinion quelconque en quoi que ce soit. A cette
question il fallait une réponse. Il était donc nécessaire d'examiner les bases sur lesquelles reposait
notre croyance. Ces bases ne pouvaient exister que
dans l'Ancien et le Nouveau Testaments. C'est
donc à ces deux sources de documents que nous
avions à puiser les éléments de la certitude ou tout
au moins de la probabilité qu'il s'agissait de formuler. Et qu'est-il résulté de notre examen ? Il en
est résulté que sous les nombreuses beautés de
style répandues comme un brillant émail soit sur
les récits épisodiques, soit sur les psaumes, les
prophéties, les préceptes et les paraboles nous
avons dû constater l'absence complète de toute
certitude objective dans les affirmations sans preu-

ves qui servaient de point d'appui à l'édifice entier
des dogmes, prétendus révélés, que l'on nous avait
inculqués. Alors le doute succédait à la foi que
nous avions considérée jusque là comme la lumière
du vrai, et nous restions en présence d'une énigme
plus terrible que celle proposée par le Sphinx à
tout être humain assez imprudent ou assez auda-
cieux pour s'aventurer sur la route de Thèbes.
Nous disons plus terrible, parce que, cette fois,
l'enjeu attaché à la solution, juste ou fausse du
problème était l'éternité soit dans la céleste béati-
tude, soit dans l'infernale souffrance.

Pour échapper à cet épouvantable cauchemar,
il fallait se réfugier dans la plus sage logique, qui
est la loi de l'infaillible raison, c'est-à-dire de la
raison toujours attentive à ne pas sortir des limites
de ses attributions. Alors, nous repassions dans
notre mémoire les versets du Nouveau Testament
qui avaient determiné en nous les premiers doutes
et devaient déterminer par la suite notre définitive
conviction. Voici ces versets et les réflexions
qu'ils ont fait naître en notre esprit :

« Saint Matthieu. — Chap. I, v. 23. — Une
« vierge sera enceinte et elle enfantera un fils,
« et on le nommera Emmanuel, ce qui veut dire :
« Dieu avec nous.

« V. 25. — Mais il ne la connut point jusqu'à ce
« qu'elle eut enfanté son fils premier né, et il lui
« donna le nom de Jésus. »

Les paroles d'Isaïe, citées par saint Matthieu, n'ont donc pas été suivies de réalisation en ce qui concerne le nom que devait recevoir le fils premier né de Marie que Joseph ne connut qu'après la naissance de ce premier enfant.

Or, si l'on ajoute au verset 25 ce que disent les versets suivants : « Chap. XII, v. 46. — Et comme « Jésus parlait encore au peuple, sa mère et ses « frères, qui étaient dehors, demandèrent à lui « parler. V. 47. — Et quelqu'un lui dit : Voilà, « ta mère et tes frères sont là dehors, qui deman- « dent à te parler. » Il faut bien reconnaître qu'il y a contre le fait de la virginité constante de la mère de Jésus de sérieuses présomptions pour admettre que Marie, après la naissance de son fils premier né, a eu des rapports sexuels avec Joseph, son époux. Ne serait-ce pas affirmer la réalité de ces rapports, que de considérer comme frères con- sanguins de Jésus les enfants de Joseph dont il est question, enfants que Joseph aurait eus d'un précédent mariage ; car, si ces rapports sexuels n'ont pas eu lieu, il n'y a pas eu de parenté réelle entre Jésus et ces mêmes enfants, quoique, par le mariage légal, il y ait eu parenté fictive ? On objectera que les enfants de Joseph étaient, sinon en fait, du moins en droit, frères consanguins de Jésus et qu'alors ils pouvaient être considérés comme tels. Mais ces paroles de l'évangéliste : « il ne la « connut point jusqu'à ce qu'elle eut enfanté son fils premier né. » montrent suffisamment que saint Matthieu ne croyait pas à la virginité constante de la mère de Jésus, et que c'est bien des enfants de Joseph et de Marie qu'il a parlé dans les versets 46 et 47 que nous avons reproduits. Ce raisonnement nous paraissant le plus logique, nous n'avons pas hésité à en accepter cette conclusion : Qu'il s'agit, évidemment, des enfants de Joseph et de Marie dans les versets 46 et 47, du ch. XII de saint Matthieu et dans le verset 14 du chap. I des Actes des Apôtres.

Certainement, la preuve de la virginité constante de Marie n'a jamais pu être constatée. Serait-ce donc pour prouver que Jésus était son fils unique, comme l'affirme l'Eglise, que Dieu l'aurait fait naître d'une vierge ? Il serait absurde, dans toute la force du terme, de le prétendre, une pareille preuve n'étant nullement susceptible de constatation et, par conséquent, devant toujours rester sans valeur aucune.

« Chap. IV, v. 5. — Alors le diable le mena dans « la ville sainte et le mit sur le haut du temple. »

« V. 6. — Et il lui dit : Si tu es le Fils de « Dieu, jette-toi en bas ; car il est écrit qu'il « ordonnera à ses anges d'avoir soin de toi ; et « ils te porteront dans leurs mains, de peur que « ton pied ne heurte contre quelque pierre. »

« V. 7. — Jésus lui dit : Il est aussi écrit : Tu « ne tenteras pas le Seigneur, ton Dieu. »

« V. 8. — Le diable le mena encore sur une
« montagne fort haute et il lui montra tous les
« royaumes du monde et leur gloire. »

« V. 9. — Et il lui dit : Je te donnerai toutes
« ces choses, si, en te prosternant, tu m'adores. »

« V. 10. — Alors, Jésus lui dit : Retire-toi,
« Satan ! car il est écrit : Tu adoreras le Seigneur,
« ton Dieu, et tu le serviras lui seul. »

« V. 11. — Alors le diable le laissa ; et aus-
« sitôt des anges vinrent et le servirent. »

Évidemment, notre raison ne pouvait accorder
la moindre créance à une telle rêverie qui ne peut
être que l'œuvre d'une imagination désordonnée,
œuvre à laquelle l'Esprit Saint n'a certainement
pas coopéré.

« Chap. V, v. 39. — Mais moi je vous dis de
« ne pas résister à celui qui vous fait du mal ; et
« si quelqu'un te frappe à la joue droite, présente-
« lui aussi l'autre. »

« V. 40. — Si quelqu'un veut plaider contre toi,
« et t'ôter ta robe, laisse-lui encore ton habit. »

C'est là certainement un précepte très beau en
principe, mais, malheureusement, sans application
possible dans ce monde où le nombre des malfaiteurs augmenterait bientôt dans une effrayante
proportion, si cet enseignement était mis en pratique par le nombre toujours trop restreint des
honnêtes gens que ne protégerait plus, alors, une
justice humaine, basée sur ce même principe.

« Chap. VI, v. 10. — Que ton règne arrive. »

Dans la prière que Jésus nous recommande d'adresser à son Père et notre Père, qui est dans les cieux, seule prière qu'il juge nécessaire, et dont il nous donne la formule, il est donc entendu que le règne de Dieu n'est pas encore arrivé. Alors, ce règne de Dieu serait-il donc limité, puisqu'il n'aurait pas encore eu de commencement en ce monde ? Par conséquent, serait-il relatif, et, par conséquent, aussi Dieu ne serait-il pas l'Etre Absolu ? Notre monde appartiendrait-il à l'empire du démon, et Jésus, en prenant sur la terre la forme humaine, serait-il donc, par ce fait même, descendu dans notre enfer ?

« Chap. VIII, v. 28. — Quand il fut arrivé à
« l'autre bord, dans le pays des Gergéséniens,
« deux démoniaques, étant sortis des sépulcres,
« vinrent à lui ; ils étaient si furieux que personne
« n'osait passer par ce chemin-là.

« V. 29. — Et ils se mirent à crier : Qu'y a-t-il
« entre nous et toi, Jésus, fils de Dieu ?

« V. 29. — Es-tu venu ici pour nous tourmenter
« avant le temps ?

« V. 30. — Or, il y avait assez loin d'eux un
« grand troupeau de pourceaux qui paissaient.

« V. 31. — Et les démons le prièrent et lui
« dirent : Si tu nous chasses, permets-nous d'en-
« trer dans ce troupeau de pourceaux.

« V. 32. — Et il leur dit : Allez. Et étant sortis

« ils allèrent dans ce troupeau de pourceaux et
« aussitôt tout ce troupeau de pourceaux se pré-
« cipita avec impétuosité dans la mer, et ils mou-
« rurent dans les eaux. »

Le même fait est rapporté par saint Marc avec
cette différence qu'il ne s'agit dans son évangile que d'un seul possédé au lieu de deux, et
avec cette addition que le nombre de pourceaux
était d'environ deux mille.

Laissant ceux qui ont une foi inébranlable croire
à la réalité d'un fait aussi étrange, nous ne pouvions
nous défendre d'un certain scepticisme à l'égard
du nombre extravagant des individus de l'espèce
porcine élevés sur les bords du lac de Tibériade, dans
un pays où l'usage de la viande de cette espèce
est interdit par la loi de Moïse. Il est vrai que cette
même loi pouvait bien autoriser le commerce d'ex-
portation d'une telle denrée chez les payens que
l'on n'avait pas à craindre de rendre coupables
d'impureté, Jéhovah n'ayant rien à débattre avec
les dieux étrangers. Mais les propriétaires de cet
incomparable troupeau n'ont-ils pas considéré
Jésus comme responsable de l'énorme préjudice
que leur causait un si prodigieux événement? Sans
doute, ils auront craint de l'irriter, en voyant de
quelle puissance Dieu l'avait pourvu et se seront
contentés d'obtenir de lui, par leurs instances,
l'unique satisfaction qu'il devait leur donner en
s'éloignant de leur pays. Les deux évangélistes,

narrateurs de ce miracle, ne nous apprenant pas qu'une compensation quelconque ait été promise à ces propriétaires de pourceaux pour le préjudice qui leur avait été causé, et, de notre côté, ne pouvant imputer à Jésus la moindre atteinte au bien d'autrui, si nous avions cru à la réalité de ce miracle, nous n'aurions su voir dans la destruction de ce troupeau qu'une juste punition infligée à ces éleveurs coupables vis à vis de la loi, telle que la voulait la raison d'hygiène qui l'avait motivée.

Mais nous n'avions pas la foi qui transporte les montagnes, et nous classions le récit de ce fait prodigieux dans le nombre, toujours croissant, des affirmations sans preuves, persuadés comme nous l'étions que la vraie foi ne peut être que celle qui agit en raison directe et non en raison inverse du savoir, c'est-à-dire que celle qui s'appuie sur la plus forte probabilité logique.

Au chapitre IX du même évangile, Jésus, en guérissant un paralytique, lui dit « v. 2 : — Prends « courage, mon fils, tes péchés te sont pardonnés. « Au versets 5, 6 et 7, nous lisons : — Car lequel « est le plus aisé de dire : Tes péchés te sont par- « donnés : ou de dire : Lève-toi, et marche ? —. « 6 : — Or, afin que vous sachiez que le Fils de « l'homme a l'autorité sur la terre de pardonner les « péchés : Lève-toi, dit-il alors au paralytique, « charge-toi de ton lit, et t'en va dans ta maison. —

« V. 7. — Et il se leva, et s'en alla dans sa maison. »

Plusieurs thaumaturges dont le pouvoir n'avait rien de commun avec la foi religieuse : le zouave Jacob, Mᵐᵉ Blavatsky. puis Charcot et ses élèves, pour ne citer que ceux-là, ont, de notre temps, opéré de semblables miracles ; mais, se sont bien gardés de prétendre remettre les péchés, un tel pouvoir n'appartenant, suivant l'Église, qu'à ceux qu'elle a ordonnés prêtres. Ces thaumaturges et les prêtres n'ont donc jamais eu à rencontrer une égale facilité dans l'exercice simultané de ces deux pouvoirs de guérir et d'absoudre, ceux qui pouvaient guérir ne pouvant pas absoudre, et ceux qui pouvaient absoudre ne pouvant pas guérir. Pourquoi donc ce double pouvoir n'appartient-il plus à personne ?

« Chap. X, v. 5. — Jésus envoya ces douze
« disciples, et il leur donna ses ordres en disant:
« N'allez point vers les gentils, et n'entrez dans
« aucune ville des Samaritains. » V. 6 : — mais
« allez plutôt aux brebis de la maison d'Israël qui
« sont perdues. »

Voilà un ordre qui ne nous a pas paru répondre à ce beau commandement que Jésus a dicté dans une autre circonstance : « Faites du bien même à vos ennemis. » Il y avait là de quoi nous étonner, mais nous nous rappelions que Jésus a dit n'être venu en ce monde que pour le salut de ceux-là

seuls que son Père lui a donnés, et il nous a bien
fallu reconnaître là encore une nouvelle affirmation
du caprice divin contre lequel notre raison, il nous
semble, avait bien le droit de s'insurger, parce
qu'elle ne pouvait admettre aucune partialité dans
la Justice Absolue.

« V. 9. — Ne prenez ni or, ni argent, ni mon-
« naie dans vos ceintures. »

« V. 10. Ni sac pour le voyage, ni deux habits,
« ni souliers, ni bâton ; car l'ouvrier est digne de sa
« nourriture. »

Parmi les prélats et les prêtres combien peu
se sont soumis à cette règle de simplicité dans le
costume et dans les mœurs ; quelques ordres mo-
nastiques peuvent se vanter, il est vrai, de s'y
être conformés ; mais à côté de cela, combien de
congrégations de moines ou de religieuses ne voit-
on pas aujourd'hui se livrer à un fructueux commerce, plus séculier que régulier, si l'on considère
le but primitif de leur fondation ? Et au sommet
de la hiérarchie ecclésiastique que d'or et d'argent
dans les ceintures, que de sacs pour le voyage
abondamment remplis du nécessaire et même re-
gorgeant du superflu, que de somptueux vêtements,
sacerdotaux, épiscopaux, cardinalices ou pontifi-
caux, que de chaussures souples, veloutées ou
soyeuses dont le plus haut type est celle que le
Vicaire du Christ offre à la vénération des fidèles
et sur laquelle leurs lèvres viennent se poser ; que

de bâtons pastoraux, enrichis de précieux ornements d'or et de pierreries !

« V. 20. — Car ce n'est pas vous qui parlerez,
« mais c'est l'Esprit de votre Père qui parlera par
« vous. »

Cette expression : « l'Esprit de votre Père » montre évidemment que l'Esprit-Saint est l'attribut de Dieu et non une personne distincte de celle du Père de tous les hommes. De son côté Jésus, disant que son Père est notre Père à tous, n'a jamais prétendu, par conséquent, en être le Fils Unique. Seule l'Eglise, en ajoutant au mot : Fils le mot : Unique, a voulu par ce moyen donner raison à son dogme de la Trinité. Pour Jésus, Dieu était son Père, le Roi des Cieux et n'avait accordé qu'à lui seul le pouvoir de racheter par le sacrifice de sa vie un petit nombre d'élus parmi les êtres de notre espèce que la reversibilité du péché d'Adam avait faits tous enfants du Démon mais que le baptême devait régénérer en les faisant enfants de Dieu et que la pratique de la Foi devait conduire à l'éter-nelle félicité. Il a dû se croire fils préféré, mais non Fils Unique de Dieu. Et, en effet, il n'a jamais dit qu'il était né d'une vierge et qu'il était Fils Unique de Dieu.

« V. 34. — Ne pensez pas que je sois venu apporter la paix sur la terre ; je suis venu apporter non la paix, mais l'épée. »

« V. 35. — Car je suis venu mettre la division

« entre le fils et le père, entre la fille et la mère,
« entre la belle-fille et la belle-mère. »

Sans doute, Jésus reconnaissait par ces paroles
qu'il n'était pas venu de son propre mouvement,
mais par la volonté de Dieu, apporter en ce monde
la discorde et la guerre, il exprimait le regret
d'être la cause involontaire du mal qui devait
s'accomplir dans la lutte nécessaire à la réalisation
du Bien Absolu ; par cela même il faisait donc
entendre qu'il n'était pas tout-puissant. Ce Bien
Absolu, c'était ce qu'il appelait le Royaume des
Cieux ; mais la conception qu'il se faisait de ce
Bien Absolu, de ce Royaume des Cieux, nous
paraissait défectueuse, en lisant ces deux versets :
« Chap. XIII v. 31. — Le royaume des cieux
« est semblable à un grain de moutarde que quel-
« qu'un prend et sème dans son champ. » « V. 32.
« — Ce grain est la plus petite de toutes les
« semences ; mais quand il a crû, il est plus grand
« que les autres légumes, et il devient un arbre,
« tellement que les oiseaux du ciel y viennent, et
« font leurs nids dans ses branches. »

A part cette erreur de détail qui consistait à
considérer la graine de moutarde comme la plus
petite des graines et après l'erreur plus grave
qu'il a commise en annonçant que de même que
Jonas, qui était resté trois jours et trois nuits
dans le corps d'un grand poisson, il resterait, lui
aussi, trois jours et trois nuits dans le sein de la

terre, tandis qu'il n'y est pas resté en réalité deux jours et deux nuits, Jésus, cette fois encore, commettait une nouvelle erreur en se représentant le Royaume des Cieux comme limité dans son étendue et susceptible de progrès. Or il nous semblait et, aujourd'hui, il nous semble avec plus de raison que jamais que le Royaume de Dieu, étant l'espace sans bornes dans lequel tout existe éternellement, n'a nullement à progresser soit en étendue, soit en puissance. Ce que nous avons à considérer et ce que nous considérons en effet comme le Royaume des Cieux c'est l'éternel ensemble de la réalité et de la réalisation universelles, l'espace sans bornes que remplissent à la fois la substance et le mouvement de l'Etre Absolu. Nous pouvons dire évidemment que notre esprit, gouvernant notre corps, est le roi de notre royaume individuel, et il est aussi évident que, par la même raison, nous pouvons appeler Roi des Cieux l'Esprit de l'Etre Absolu ; mais, alors, c'est à la condition de faire du mot Roi l'équivalent du mot Puissance et non du mot Etre, toute puissance n'étant jamais que l'attribut d'un être et non un être même. Or Dieu, l'Etre Absolu, est plus que la puissance qui gouverne le Tout ; il est ce Grand Tout, lui-même, ayant pour attribut cette puissance universelle.

Au Chapitre XIV, les versets 17 à 21 décrivent le miracle de la multiplication des pains et des poissons. Ces versets, les voici :

V. 17. — « Et ils lui dirent : Nous n'avons ici que cinq pains et deux poissons.

V. 18. — « Et il leur dit : Apportez-les-moi ici.

V. 19. — « Et après avoir commandé que le « peuple s'assît sur l'herbe, il prit les cinq pains « et les deux poissons, et, levant les yeux au ciel, « il rendit grâces ; et ayant rompu les pains, il « les donna aux disciples, et les disciples les « donnèrent au peuple.

V. 20. — « Tous en mangèrent et furent ras- « sasiés ; et on emporta douze paniers pleins des « morceaux qui restèrent.

V. 21. — « Et ceux qui avaient mangé étaient « environ cinq mille hommes, sans compter les « femmes et les petits enfants. »

Quelle que soit la puissance d'imagination dont on peut être pourvu, il est bien difficile de se représenter d'une manière tant soit peu vraisemblable le procédé employé par les douze apôtres pour la distribution de cinq à six mille portions de pain et de poisson à cette multitude qu'il s'agissait de rassasier. Est-ce entre les mains de Jésus, des apôtres ou des convives de ce prodigieux repas que chaque miette de pain devenait un pain et que chaque parcelle de poisson devenait un poisson ? Les quatre évangélistes, dans le récit qu'ils nous donnent de ce miracle ont négligé de le dire, et nous ne voyons pas clairement comment les douze paniers, qui ont dû, sans doute, être

remplis à plusieurs reprises pour la distribution
de cinq à six mille portions de pain et de poisson,
ont pu encore se remplir des restes de ce fan-
tastique repas, après que toute cette multitude
d'affamés eut été rassasiée.

Il fallait bien voir dans un tel récit l'œuvre des
agadistes dont parle Renan, c'est-à-dire des con-
férenciers de ce temps-là, de ces narrateurs qui,
allant de bourgade en bourgade, attiraient autour
d'eux un plus ou moins nombreux auditoire qu'ils
savaient captiver en brodant à plaisir, sur un
thème vrai, d'étonnants détails que créait leur
féconde imagination. Les agadistes ont, certainement, imaginé plus de miracles que n'en a opéré
Jésus, si, toutefois, il faut appeler miracles les
surprenants effets que son pouvoir de suggestion
a dû produire dans certaines circonstances. Or,
comme le dit Renan,[1] les évangélistes ont été de
vrais agadistes. Dans leurs écrits il y a donc à
faire la part des faits historiques et celle des faits
légendaires. Avec un peu d'attention on arrive à
discerner ce qui s'y trouve de vrai de ce qui est
évidemment du domaine de la légende, et l'on est
fixé sur ce que l'on doit croire, si l'on admet en
principe que, sans la démonstration d'une preuve
ou d'une probabilité logique, la foi en l'accomplissement de ce qui est invraisemblable ne peut être

1. Renan. *Les Evangiles*, p. 100.

imposée à la raison humaine. L'Eglise affirme cependant que tout est vrai dans le Nouveau Testament. Alors, comment se fait-il que nous y lisions ces paroles :

« Saint Matthieu, chap. XVI, v. 28. — Je vous « dis en vérité qu'il y en a quelques-unsde ceux qui « sont ici présents qui ne mourront point, qu'ils « n'aient vu le Fils de l'homme venir en son règne ?»

Jésus ne s'est-il donc pas encore une fois trompé en prononçant ces paroles, comme il s'est déjà trompé dans d'autres circonstances, ainsi que nous l'avons fait remarquer, il n'y a qu'un instant?

Saint Marc répète en termes équivalents cette prédiction qui ne s'est pas réalisée :

« Chap. XIII, v. 30. — Je vous dis en vérité que cette génération ne passera point que toutes ces choses n'arrivent. »

Puis, saint Paul, dans sa première épître aux Thessaloniciens, dit ceci :

« Chap. IV, v. 15. — Car nous vous déclarons, « par la parole du Seigneur, que nous qui vivrons « et qui resterons sur la terre à la venue du « Seigneur, nous ne préviendrons point ceux qui « seront morts. »

« V. 17. — Ensuite, nous qui vivrons et qui « serons restés sur la terre, nous serons enlevés « tous ensemble avec eux dans les nuées, au « devant du Seigneur, en l'air, et ainsi nous serons « toujours avec le Seigneur. »

Au verset 32 du chapitre XIII de saint Marc, les disciples, ayant prié Jésus de leur faire connaître le jour et l'heure de son avènement, reçoivent cette réponse :

« Pour ce qui est de ce jour et de cette heure, personne ne le sait, non pas même les anges qui sont dans le ciel, ni même le Fils, mais seulement le Père. »

Après la constatation que nous venions de faire des erreurs commises par Jésus, nous avions donc à constater celle qu'avait commise saint Paul [1]. Comme Jésus il croyait que la génération, à laquelle ils appartenaient, serait la dernière et qu'elle se terminerait à l'avènement du Fils de l'homme.

Or, si Jésus ignorait ce que seul son Père connaît et a décidé de toute éternité, nous nous demandions comment il pouvait se faire que l'Eglise eût décrété le dogme de l'égalité parfaite des trois personnes de la Trinité, Jésus, en vertu de ce dogme, étant la seconde personne de cette Trinité. Evidemment, nous disions-nous, si l'Evangile affirme l'infériorité du Fils vis à vis du Père, le dogme de la Trinité, tel que l'a établi l'Eglise, n'est pas vrai, et, en effet, les paroles du Christ, que nous venons de reproduire d'après l'évangile

---

1. Saint Paul ne s'était-il pas déjà trompé, lorsqu'il affirmait dans sa seconde épître aux Corinthiens, v. 25, qu'il avait passé un jour et une nuit au fond de la mer?

de saint Marc, montrent bien que, cette fois, l'erreur est du côté de l'Eglise. Maintenant, si l'on ajoute à cela ces paroles que nous avons déjà citées d'après saint Matthieu[1] : « Ce n'est pas vous qui parlerez, mais c'est l'Esprit de votre Père qui parlera par vous » on aura là une nouvelle preuve que l'Evangile n'autorise nullement le dogme de la Trinité, cette expression : « l'Esprit de votre Père » indiquant clairement que l'Esprit Saint est l'attribut de Dieu, et non une personne divine.

Ces réflexions nous déterminaient à croire qu'il n'y a en Dieu d'autre trinité que celle de ses attributs, c'est-à-dire que celle de ces trois principes de l'Ordre Universel : le Verbe, la Volonté et la Vie ; le Verbe qui est la Raison Suprême, la Volonté qui est la Loi, et la Vie qui est l'Action accomplissant la Loi.

Une croyance aussi logique ne nous permettait plus de considérer comme vrai un dogme quelconque, affirmé sans preuve. Et quel est celui des dogmes établis par l'Eglise que la raison puisse admettre comme prouvé. Est-ce le dogme de la Présence réelle du Christ sous les espèces eucharistiques, celui de la Résurrection des corps pour le Jugement dernier, celui de l'Eternité des peines ou celui de l'Infaillibilité papale ? Certainement, aucun de ces dogmes n'est susceptible de démons-

---

1. Saint Matthieu, chap. X, v. 20.

tration rationnelle. Cependant, il est un dogme dont nous nous empressons de reconnaître la vérité : c'est celui de l'Immaculée Conception de la Vierge, parce que nous admettons l'immaculée conception de tous les êtres naissant en ce monde, et la raison en est que tous naissent en effet, sans qu'il y ait, par cela même, le moindre péché de leur part.

Que d'erreurs, que de contradictions, et combien peu de vérités dans l'ensemble des deux Testaments ! C'est cependant sur cet amas de documents, plus ou moins douteux, si ce n'est pas sur ce jeu de mots, prêté à Jésus : Tu es Pierre et sur cette pierre..... que s'est édifiée l'Eglise, que s'est fondé le Catholicisme.

Une seule grande vérité émerge de toutes ces incohérences, de tout ce fatras, c'est la vérité morale par excellence : « Tu aimeras ton prochain comme toi-même, » vérité dominante qui, dérivant du Bien Absolu, doit diriger l'homme dans la recherche et la pratique de toute autre vérité[1]. Comme les Justes, qui l'ont précédé, le Christ a enseigné cet indestructible précepte, comme eux il a donné sa vie, pour le faire triompher. Certes, après lui, sur notre globe, d'autres Justes sont venus ou viendront encore mettre en pratique

---

1. Tout acte de dévouement au bien est incontestablement l'œuvre de l'esprit de charité; tout acte contraire au bien est aussi incontestablement l'œuvre de l'esprit d'égoïsme.

cette admirable doctrine dont toute conscience humaine doit se sentir pénétrée. Mais à côté de ces consciences pures, que fortifie l'esprit de charité, combien de consciences faibles, n'obéissant qu'à l'esprit d'égoïsme, source de toute dépravation !

Aidez-vous les uns les autres dans l'accomplissement du bien : il n'y a pas de plus haute vérité morale. Et, si vous voulez vous en convaincre, rappelez-vous qu'il n'y a pas de plus haute vérité intellectuelle que celle-ci : Par les réincarnations successives et progressives non seulement le bien et le mal relatifs se compensent dans l'ensemble universel, mais encore l'égalité parfaite se réalise entre les différents êtres que la vie anime, tous ayant à traverser les mêmes degrés de l'échelle ascendante des organismes, pour atteindre tous le même but, c'est-à-dire la limite suprême du Juste et l'identification complète avec l'Etre Absolu.

Telle est, pour clore ce débat, la sentence irrévocable prononcée par la raison qui, toujours infaillible dans le ressort de ses attributions, reconnaît alors que le Bien Absolu est à la fois le principe, la loi et le but de tout ce qui existe et de tout ce qui s'accomplit.

Pour résumer ce que nous avons dit dans les pages que l'on vient de lire, affirmons comme conséquence de ce qu'elles démontrent : Qu'il faut à l'esprit humain un idéal, et que le culte de cet idéal doit être sa religion, mais à cette seule condition que cet idéal soit le Vrai: c'est-à-dire le Bien Absolu, toujours visé dans la réalisation du progrès normal, intégralement compris sous ses trois formes spécifiques, qui sont : le progrès physique, le progrès intellectuel et le progrès moral, régulièrement pondérés dans leur ensemble.

Si tous les hommes comprenaient la force de cet axiôme et s'appliquaient constamment à la mettre en pratique, la société humaine marcherait à grands pas vers la perfection compatible avec ses capacités, et l'âge d'or des idéologues serait bientôt réalisé.

Malheureusement, les êtres humains, quoique pourvus généralement de facultés de même espèce dans chacun des trois ordres : physique, intellectuel et moral, ne sont pas doués tous d'égales capacités inhérentes à ces facultés, et chez eux les gouts, les inclinations varient comme les aptitudes, puis à cela vient se joindre la différence des conditions de milieu, la différence des situations dans lesquelles ils se trouvent placés. C'est de ces défauts d'équilibre que naissent les conflits incessants de la vie des individus et des peuples. La lutte, toujours la lutte, pour remédier à cet équilibre instable que l'on ne parvient jamais à transformer en équilibre permanent! Pourquoi cela ? Parce qu'il faut qu'il en soit ainsi; parce qu'il n'y aurait pas de vie, si le bien et le mal relatifs n'étaient pas les deux extrêmes opposés entre lesquels le mouvement agisse comme moyen, soit dans un sens, soit dans l'autre.

C'est la vie des êtres partitifs, des êtres relatifs qui fait éternellement la vie de l'être collectif universel, la vie de l'Etre Absolu, et chez tous les êtres vivants, le bien est le mouvement d'assimilation ; le mal est le mouvement de désassimilation. Sans ces deux mouvements opposés, il n'y a pas de vie.

Tout est nécessaire au Tout ; ce n'est qu'à cette condition qu'il doit d'être parfait. Tout est fatal dans ce qui s'accomplit en vertu de la Loi Suprême, mais rien ne s'accomplit, évidemment, en vertu d'un caprice divin, dont les religions, prétendues révélées ne cessent de plaider la cause. Cette fatalité voulue par la Loi Suprême, c'est la Justice Absolue, la justice égale pour tous les êtres du règne organique, tous ayant à passer par les mêmes degrés des existences successives et progressives pour arriver à l'identification complète avec l'Etre Absolu.

Que l'on ne dise pas que cette fatalité de la Loi supprime la liberté individuelle. Tout être, capable de vouloir et d'agir suivant sa volonté, est libre, mais uniquement dans la mesure de sa capacité ; ajoutons même que cette capacité efficiente de l'être c'est sa liberté ; liberté toujours relative, il est vrai, si infailliblement puissante qu'elle soit dans toute l'étendue de la possibilité de son action. Le plus capable des êtres est incontestablement le plus libre.

Quand à l'être humain, il faut reconnaître que c'est la liberté dont il dispose qui fait son mérite ou son démérite; mais nous devons affirmer qu'il n'est ni libre ni responsable devant la nature, tandis qu'il est libre et responsable, dans une certaine mesure, vis à vis de la société. En effet il est l'œuvre de la nature qui le fait toujours tel qu'elle le veut par sa loi d'évolution du principe vital; mais la société, au contraire, est l'œuvre de l'être humain, puisque par l'union qu'il contracte avec ses semblables, d'une manière quelconque, il contribue à en former la collectivité. Que cette union de l'individu avec la société soit le résultat d'un engagement formel ou tacite, peu importe, par sa présence il en accepte réellement les lois et doit y conformer sa conduite, en consacrant toutes ses forces au développement du progrès à la fois individuel et social. S'il travaille constamment dans ce sens, il a droit à la juste rémunération de l'emploi normal de son activité; si, contrairement à ses devoirs envers la société, il en transgresse les lois, il est passible des peines qu'elle a, pour sa part, le devoir de lui infliger, et, s'il persiste dans son refus de soumission aux lois, la société doit alors user du droit, qui lui appartient, de l'exclure temporairement ou définitivement de son sein, pour se préserver de toute atteinte nouvelle, plus ou moins préjudiciable.

Œuvre de la nature, l'homme n'aura jamais à lui rendre compte au jour d'un dernier jugement, des conséquences de la manière d'être, bonne ou mauvaise, qu'elle lui aura imposée; œuvre de l'homme, au contraire, la société n'est pas en dehors de ses droits, lorsqu'elle lui demande compte de la manière dont il remplit l'engagement, tacite ou formel, qu'il a contracté vis-à-vis d'elle, en prenant part à sa collectivité. En effet, à partir du jour où il a eu pleine connaissance de ses droits et de ses devoirs, il s'est, par le fait de sa présence dans la société, reconnu entièrement responsable, dans le libre exercice de ces mêmes droits et dans le libre accomplissement de ces mêmes devoirs.

L'homme qui n'arriverait pas à se pénétrer de cette vérité, ou n'admettrait pas la connexité constante qui doit exister entre les droits et les devoirs, n'aurait qu'un moyen de s'affranchir de toute contrainte sociale. Ce moyen serait l'isolement absolu. Que lui adviendrait-il alors, s'il prenait la détermination de vivre loin du contact de ses semblables? Peut-être s'estimerait-il heureux, pendant quelques jours, de jouir du calme qu'il trouverait dans une solitude, intelligemment choisie; mais une telle existence ne tarderait pas à lui sembler monotone, son égoïsme limitant étroitement ses occupations ou ses distractions ; et quelles que fussent les précautions qu'il aurait prises avant son exil volontaire, pour ne pas manquer du strict nécessaire au cours d'une durée aussi longue que possible, il verrait trop tôt ses provisions s'épuiser, ses vêtements s'user, sa demeure se détériorer. Alors il commencerait à reconnaître la nécessité de rentrer en relation avec ceux de ses semblables qui pourraient lui vendre de nouvelles provisions de bouche, de nouveaux vêtements ou réparer son habitation. Et c'est à cette nécessité qu'il obéirait si, toutefois, sa folie ne le poussait pas à se résigner aux dernières conséquences de son isolement, en adoptant les mœurs de la vie du sauvage, mœurs qui finiraient un jour par n'être plus que celles de la vie de l'animal et feraient de cet être humain l'équivalent du renard, du blaireau ou de la fouine.

Il faut donc conclure de là :

Premièrement, que la société est aussi nécessaire à l'individu que l'individu est nécessaire à la société dont il est l'élément constitutif.

Secondement, que les droits et les devoirs de chacun vis à vis de la société, et de la société vis à vis de chacun sont toujours en évidente connexion.

Troisièmement, que l'exercice de ces droits et l'accomplissement de ces devoirs ne doivent avoir d'autre but que la réalisation du bonheur le plus pur, le plus durable et le plus répandu dont l'humanité soit appelée à jouir.

Ce vrai bonheur serait en voie de réalisation, si notre espèce mettait généralement en pratique le beau précepte du Vrai Moral : Aimez-vous les uns les autres, précepte établi en principe par la religion védique, par Christna, par Lao Tseu, par le Bouddha, par Koung Fou Tseu, chez les peuples de l'Extrême-Orient, puis importé en Egypte où, sans doute, les prêtres d'Isis en donnèrent connaissance à Moïse et aussi à Jésus, par voie de tradition, si, toutefois, Moïse et Jésus ne le tenaient pas eux-mêmes de la sagesse de leur raison.

Suivant notre manière de voir, il nous semble que l'amour du prochain dépend, non pas de la volonté, mais uniquement de ce sentiment inné qui est le goût moral. Or un goût ne s'impose jamais par un commandement. Aussi, quelle que soit l'admiration que nous professons pour ce beau précepte: Aimez-vous les uns les autres, croyons-nous devoir dire plutôt : Aidez-vous les uns les autres dans l'accomplissement du bien. Alors, seulement, par l'application constante de ce précepte, vous parviendrez à réaliser le véritable bonheur.

Voilà comment nous comprenons la Religion du Vrai.

# CREDO PHILOSOPHIQUE

---

. Il n'y a qu'un Dieu dont notre raison soit capable de constater l'existence, qu'un Dieu qu'il nous soit possible et nécessaire de connaître progressivement, auquel soit due notre adoration et avec lequel notre culte constant nous permette de nous identifier de plus en plus, physiquement, intellectuellement et moralement. Cet unique Dieu : c'est le Vrai dans l'ensemble de la réalité et de la réalisation universelle, c'est l'Être ..bsolu.

Or pour que Dieu soit l'Être Absolu, il faut que rien ne puisse exister en dehors de lui ; car ce qui serait indépendant de son existence constituerait évidemment un autre être absolu, ce que le plus simple bon sens ne saurait admettre, parce que ces deux êtres seraient alors, incontestablement limités l'un par l'autre dans l'espace et dans le temps, et par conséquent, ne seraient plus absolus, mais relatifs. Dieu, pour être absolu, doit donc renfermer en lui-même tout ce qui est relatif; il faut qu'il soit l'Etre Universel, le Grand Tout. C'est ainsi, en effet, que nous le concevons; car nous le considérons comme l'être vivant, pensant et agissant volontairement par excellence dans toute l'immensité de l'espace et du temps sans bornes, par conséquent, comme l'être réalisant le Bien Absolu, puisqu'il est éternellement tel qu'il faut qu'il soit. Lui reconnaissant tous les attributs de l'être le plus complexe, nous disons:

Son Âme est l'ensemble indivisible de ces trois forces primordiales : le Verbe, la Volonté et la Vie. Le Verbe : c'est la Raison; la Volonté : c'est la Loi ; la Vie : c'est l'Action qui accomplit la Loi.

Sa substance corporelle consiste dans la matière universelle. Dieu est donc le collectif général renfermant en lui-même tous les partitifs; par conséquent, il est l'Etre Universel, la Nature. Incréé, il crée sans cesse, en transformant toujours tout ce qui en lui est muable, sans jamais changer lui-même, sous le rapport de sa manière d'agir, ou sous le rapport de l'étendue de sa substance qui n'est susceptible ni d'augmentation ni de diminution. La vie circule en lui éternellement et c'est pour compenser la désassimilation de ses forces employées dans l'involution soit à la constitution, soit aux transformations de la matière, soit à l'éclosion du principe vital dans cette matière même, qu'il s'assimile par l'évolution de ce principe vital les existences successives que traversent toutes les individualités en suivant l'ordre des différents degrés de l'échelle organique dont la progression ascendante part du germe le plus infime pour monter jusqu'à l'organisme le plus complexe et le plus élevé de la généalogie universelle.

Ce principe vital est la force qui organise et qui anime, en un mot, c'est l'âme. Notre âme, en effet, n'est autre chose que la somme de force vivifiante qui, d'abord, à l'état latent dans le germe qui l'enveloppe, se manifeste et se développe progressivement en passant de degré en degré dans le règne végétal, puis, pénétrant dans le règne animal dont notre espèce est la plus haute expression, cette force qui sera l'âme humaine et qui n'est alors que l'âme végétative, mais doit, après cette phase de son évolution, progresser encore, devient chez l'animal et chez l'homme, âme instinctive et intellective. Or, si cette force vivifiante que nous appelons l'âme est progressive, c'est qu'il importe au Tout, à l'Etre Universel de le vouloir, comme il lui importe à elle-même de monter toujours de degré en degré, pour entrer enfin en communion parfaite avec l'Ame Divine dont elle est l'unique aliment assimilable, et avec laquelle il lui est indispensable de s'identifier, pour réaliser la suprême félicité qui est le but de toutes ses aspirations et sera la juste rémunération de tous ses efforts.

Ainsi doit s'effectuer l'éternelle compensation nécessaire entre les deux mouvements constitutifs de la vie universelle, c'est-à-dire entre l'involution dans la matière des forces que désassimile l'Etre Absolu et l'évolution des forces qu'assimilent les êtres relatifs organisés pour parvenir par voie d'existences successives et progressives jusqu'à l'identification parfaite avec cet Etre Absolu même. Alors nous pouvons dire qu'en accomplissant ce double mouvement d'involution et d'évolution du principe vital qui l'anime et nous anime, l'Etre Universel vit en nous et par nous, êtres partitifs, comme nous vivons en lui et par lui, et nous pouvons dire encore qu'en déterminant par l'action de ce principe vital l'élaboration de la pensée dans notre intelligence qu'il éclaire de la lumière de sa Raison, il pense en nous et par nous, comme nous pensons en lui et par lui.

Telle est la conclusion dernière à laquelle aboutit la seule doctrine qui nous paraisse vraie : la Doctrine de l'Evolution.

En face du polythéisme qui voit trois personnes en Dieu, ou du dualisme qui met en présence l'un de l'autre le royaume-de-Dieu, peuplé du petit nombre des élus et le vaste empire du Démon, peuplé de l'incommensurable nombre des réprouvés, nous proclamons l'éternelle unité de l'ensemble universel, l'éternelle unité de l'Etre Absolu.

Maintenant, à nos lecteurs de conclure.

VALENCE. — IMPRIMERIE A. DUCROS

www.ingramcontent.com/pod-product-compliance
Lightning Source LLC
Chambersburg PA
CBHW072043080426
42733CB00010B/1975